JOSEF G. PLÖGER

IN DER NÄHE DES HERRN

Biblische Besinnungen

Herder
Freiburg · Basel · Wien

Umschlagbild: Darstellung im Tempel
Hitda-Codex aus Meschede, Köln um 1020
Mit freundlicher Erlaubnis der Hessischen
Landes- und Hochschulbibliothek Darmstadt

Alle Rechte vorbehalten – Printed in Germany
© Verlag Herder Freiburg im Breisgau 1986
Herstellung: Freiburger Graphische Betriebe 1986
ISBN 3-451-20738-9

Vorwort

Viele Menschen begegnen Jesus Christus. Zum Beispiel Simeon, ein Gesetzeslehrer, eine Ehebrecherin, der Oberzöllner Zachäus, weinende Frauen, zwei Jünger, Stephanus. Sie begegnen ihm im Tempel, in Jericho, auf dem Kreuzweg, unterwegs nach Emmaus, in Jerusalem.

Wie erleben sie seine Nähe, was geschieht an ihnen bei der Begegnung, welche Konsequenz hat dies für ihr Leben und für andere?

Durch meditatives Bedenken und einfühlsames Betrachten der biblischen Texte werden Antworten versucht, keine fertigen, endgültigen Antworten, eher Anstöße, Hilfen für das eigene Betrachten.

Dies ist nicht ohne Bedeutung für den Leser, auch wenn es nicht immer ausdrücklich gesagt wird. Denn betrachtend wird er gleichzeitig mit den Menschen in der Nähe des Herrn, kommt durch deren Erlebtes zu besserer Erkenntnis seiner selbst, bleibt beim Herrn, spricht mit ihm, müht sich, ihm ähnlicher zu werden und weiß sich vor die Entscheidung gestellt, ein Leben nach dem Geist des Evangeliums zu führen.

Die betrachtende Lektüre der Bibel in der lebendigen Tradition der Kirche mehrt den Glauben, stärkt die Hoffnung und weckt jene Liebe, die nach dem Wort Christi das erste und größte Gebot ist. Sie gleicht der Unterweisung, deren Ziel »Liebe aus reinem Herzen, gutem Gewissen und ungeheucheltem Glauben« ist (1 Tim 1,5). Sie führt zum Gebet, durch das wie mit erhobenen Händen Lob und Bitte vor Gott getragen wird und der Beter Halt findet.

Die Schrifttexte sind, in der Einheitsübersetzung, dem Evangelium nach Lukas und der Apostelgeschichte entnommen. Auch Joh 8,1–11, das nicht zum ursprünglichen Bestand des Johannesevangeliums gehörte, ist inhaltlich dem Lukasevangelium verwandt.

Das kleine Buch möge Liebe zum Wort Gottes, Eifer zur Betrachtung, Entschiedenheit zur Nachfolge Christi und Freude in der Nähe des Herrn wecken.

Köln, am Fest der
Darstellung des Herrn † *Josef G. Plöger*

Inhalt

Vorwort 3

   I. Simeon im Tempel 7
     »Meine Augen haben das Heil gesehen«

  II. Ein fragender Gesetzeslehrer 22
     »Unser Gott ist einzig. Darum sollst du den
     Herrn, deinen Gott, lieben«

 III. Die erlöste Ehebrecherin 35
     »Ich verurteile dich nicht«

 IV. Ein Mann namens Zachäus 47
     »Der Menschensohn ist gekommen, um zu
     suchen und zu retten, was verloren war«

  V. Jerusalemer Frauen am Kreuzweg Jesu . . 58
     »Es folgten Jesus Frauen, die um ihn klagten
     und weinten«

 VI. Die Emmausjünger 66
     »Brannte uns nicht das Herz, als er uns den
     Sinn der Schrift erschloß«

VII. Das Zeugnis des Stephanus 84
     »Ein Mann, erfüllt vom Glauben und vom
     Heiligen Geist«

I
Simeon im Tempel

»Meine Augen haben das Heil gesehen«

²⁵ In Jerusalem lebte damals ein Mann namens Simeon. Er war gerecht und fromm und wartete auf die Rettung Israels, und der Heilige Geist ruhte auf ihm. ²⁶ Vom Heiligen Geist war ihm offenbart worden, er werde den Tod nicht schauen, ehe er den Messias des Herrn gesehen habe.
²⁷ Jetzt wurde er vom Geist in den Tempel geführt; und als die Eltern Jesus hereinbrachten, um zu erfüllen, was nach dem Gesetz üblich war, ²⁸ nahm Simeon das Kind in seine Arme und pries Gott mit den Worten: ²⁹ Nun läßt du, Herr, deinen Knecht, wie du gesagt hast, in Frieden scheiden. ³⁰ Denn meine Augen haben das Heil gesehen, ³¹ das du vor allen Völkern bereitet hast, ³² ein Licht, das die Heiden erleuchtet, und Herrlichkeit für dein Volk Israel. *Lukas 2, 25–32*

Er lebte in Jerusalem. Irgendwo in der Stadt von kaum 40 000 Einwohnern. Wir kennen nicht seine Herkunft, seinen Beruf, seine Lebensverhältnisse. Er ist nicht einzuordnen in ein bekanntes Muster. Wir kennen nur seinen Namen: Simeon, »Gott erhört«. Ein häufiger Name. Die Bedeutung mag – wie oft bei Namensgebungen – verblaßt gewesen sein. Anders bei Simeon: Sein Warten auf den Messias wurde »erhört«.

I. Simeon im Tempel

Er lebte in Jerusalem *zur Zeit Herodes des Großen.* Eine Zeit voller Spannung und Gärung. Pharisäer und Sadduzäer, Essener und Zeloten, Römer und Hellenisten – jedes Wort ein Programm! Herodes baute. Aus Prunksucht, Ehrgeiz, Angst, Berechnung. Er baute im Nordwesten der Oberstadt den wehrhaften Palast mit drei mächtigen Türmen, vergrößerte beim Tempel die Burg Antonia, errichtete im Stadtteil der gräzisierten Juden ein Theater, südlich des Tempelbergs ein Amphitheater und Hippodrom, zwischen dem Westhügel und dem Tempelgelände zwei Viadukte, im Norden die innere Mauer – und im Jahr 19 v. Chr. begann er mit dem Neubau des Tempels. Der sollte an Größe und Pracht alles überragen. »Wer den Tempel des Herodes nicht sah, hat nie ein schönes Bauwerk gesehen« (Baba Bathra 4a). Auf rund 480 mal 300 m dehnte er den Tempelplatz aus, zum Teil durch hohe Substruktionen. 43 m hoch ragte die Mauer an der Südostecke aus dem Kidrontal bis zum Plateau, erbaut aus sorgfältig behauenen Quadern. Einer, in der 28. Schicht, ist 6,80 m lang, 1,70 m breit, 1,83 m hoch und wiegt etwa 100 t. (Zum Vergleich: Das Forum Romanum mißt etwa 480 m mal 180 m.)

Über 10 000 Steinmetze, Zimmerleute, Schmiede, Erzgießer, Transportarbeiter quäl-

I. Simeon im Tempel

ten sich ab, 1000 Priester waren zu Bauarbeitern umgeschult worden.

Die Jerusalemer sahen, wie die Bauten wuchsen, die imposanten Hallen sich weiteten – allein die königliche Halle im Süden zählte 162 Säulen in vier Reihen, 25 m hoch (zum Vergleich: im Großen Säulensaal des Amon-Tempels zu Karnak sind die 12 mittleren 21 m, die übrigen 122 Säulen 13 m hoch; der Obelisk auf dem Petersplatz mißt 25,50 m) – die mächtigen Tore aufragten; und erst den Tempel selbst! »Alles, was Auge und Herz entzükken konnte, bot der äußere Anblick des Tempels ... Er blendete das Auge wie die Strahlen der Sonne. Fremden erschien er auf ihrem Gang nach Jerusalem von weitem wie ein schneebedeckter Hügel; denn soweit er nicht vergoldet war, strahlte er in blendender Weiße«, schreibt Flavius Josephus.

Zehn Jahre nach Baubeginn, wenige Jahre vor Christi Geburt, war das Werk im wesentlichen vollendet, obwohl die Arbeiten erst 64 n. Chr., sechs Jahre vor der Zerstörung durch Titus, eingestellt wurden.

Simeon sah also den fast vollendeten Tempel. Vom Vorhof der Heiden schritt er durch die Schöne Pforte über den Vorhof der Frauen die fünfzehn Stufen zum Nikanor-Tor herauf und konnte vom Vorhof der Männer aus die Darbringung der Opfer (vgl. Lev 1–7) auf dem

I. Simeon im Tempel

7,50 m hohen, 25 mal 25 m (nach Flavius Josephus) großen Brandopferaltar sehen. Morgens und abends erlebte er das Weihrauchopfer auf dem goldenen Räucheraltar vor dem Allerheiligsten. Er sah den Dienst der Priester und Leviten, das geschäftige Treiben der Händler, die Prozessionen, die an den drei großen Wallfahrtsfesten (Pascha-, Pfingst- und Laubhüttenfest) durch die Huldatore im Süden und das Coponius-Tor im Westen zogen. Er hörte die Gebete und Gesänge, die Lesungen und Predigten, die silbernen Posaunen, Hörner, Harfen und Zimbeln (vgl. Ps 150), die Begeisterung der feiernden Menge (vgl. Lk 21,5) und empfing mit Ehrfurcht den aaronitischen Priestersegen (Num 6,22–27).

Der hl. Lukas aber berichtet darüber an unserer Stelle nichts, obwohl er viele Einzelheiten des Tempels und des Kults in seinem Doppelwerk, dem Lukasevangelium und der Apostelgeschichte, nennt: das Innere des Tempels mit dem Rauchopferaltar (Lk 1,9.11), den Vorhang vor dem Allerheiligsten (Lk 23,45), die Weihegeschenke (Lk 21,5) und Opferkästen (Lk 21,1–4), die »Zinne des Tempels« (Lk 4,9), die Halle Salomos (Apg 3,11–26) und das Schöne Tor (Apg 3,2); Priester und Leviten (Lk 10,31f), ihre Dienstklassen und Ordnungen (Lk 1,5.8.23), Opfer und Feste (Lk 2,24.41); die Tempelwallfahrt aus

I. Simeon im Tempel

dem Land (Lk 2,41) und aus der Diaspora (Apg 2,9–11); das betende und den Segen erwartende Volk (Lk 1,10.21), Fromme, die ständig im Tempel weilten (Lk 2,37), dazu Pharisäer, Schriftgelehrte, Zöllner, Reiche, Witwen, Händler und Geldwechsler (Lk 2,37.46; 18,9–14; 19,45; 21,1–4); den Tempel als Ort des Opfers (Lk 2,24), des Gebetes (Lk 18,9–14) und der Lehre (Lk 2,46), als Versammlungsstätte der ersten Christen (Lk 24,53; Apg 5,12 u. ö.); er kennt auch die Kritik am Tempel (Apg 7,44–50), seine lange Bauzeit und Zerstörung (Lk 21,5–6).

Der Evangelist schreibt nicht aus kulturhistorischem Interesse. Für uns aber ist es hilfreich, uns in die Umgebung Simeons hineinzudenken, mit ihm zu gehen, bis er in der Nähe des von einem alexandrinischen Juden gestifteten Nikanortors auf Jesus mit Maria und Josef trifft. Der Tempel ist zunächst nur Schauplatz des Geschehens. Mehr aber noch ist er der Ort, an den der Messias kommt, »um dem Herrn geweiht« (Lk 2,22) zu werden. »In dem, was seinem Vater gehört« muß er sein (Lk 2,49) und durch seine Gegenwart, Lehre und Hingabe Gesetz und Opfer »erfüllen«. Ein weiter Bogen spannt sich von seinem ersten Kommen zum Tempel über den letzten Aufenthalt vor seiner Passion bis zu jenem Augenblick, da der Vorhang im Tempel zerriß (Lk

23,45) und das Ende der alten Heilsordnung anzeigte, damit allen Glaubenden der Zugang zum Allerheiligsten eröffnet sei (Hebr 6,19 f; 9,3; 10,19 f).

Von Simeon kennen wir – wie gesagt – zunächst nur den Wohnort, den Namen und die ungefähre Lebenszeit. *Aber der hl. Lukas hat ihn charakterisiert:* »Er war gerecht und fromm und wartete auf den Trost Israels, und der Heilige Geist ruhte auf ihm« (Lk 2,25). Das ist biblische Sprache, Sprache des Heiligen Geistes. Hier sind wir mitten in der biblischen Welt, an der Grenze vom Alten zum Neuen Testament. Wir müssen jedes Wort befragen, bis wir allmählich erkennen, was es sagen will, was es uns sagen will.

»Er war gerecht.« Das steht zuerst. »Und fromm«. Das gehört dazu. Das eine schließt das andere nicht aus. Im Gegenteil. Beides ergänzt einander.

Er war gerecht wie Abel (Mt 23,35; Hebr 11,4; 1 Joh 3,12), Noach (Hebr 11,7), Abraham (Jak 2,21) und Lot (2 Petr 2,7), wie die Propheten und Märtyrer (Mt 23,29.35), wie Zacharias und Elisabet (Lk 1,6), wie Josef, der Mann Marias (Mt 1,19), und Josef von Arimathäa (Lk 23,51) und schließlich der Hauptmann Kornelius (Apg 10,22, vgl. 10,2). Er war gerecht, weil er glaubte und tat, was richtig ist nach dem Urteil Gottes. Gehorsam erfüllte er

I. Simeon im Tempel

den Willen Gottes, der erkennbar ist im unmittelbaren Ruf, in den Heiligen Schriften oder durch den Anspruch einer Situation. Das entschiedene Eingehen auf Gottes Willen ist keine formelle, äußerliche, vielleicht gar lieblose Gesetzesfrömmigkeit. Abel, der junge Hirt, Noach, der aus der Sündflut rettet, Abraham, der »unser Vater« genannt wird, Lot, »der unter dem ausschweifenden Leben der Gottesverächter litt« (2 Petr 2,7), Zacharias und Elisabet, das liebenswerte alte Ehepaar, Josef, der seine Braut gütig und nachsichtig schonte, und Josef von Arimathäa, der selbstlos und tapfer half – alle, die das Neue Testament gerecht nennt, sind keine verklemmten Willensakrobaten mit finster verschlossenen Gesichtern, sondern gelöste, glückliche, gelassene Menschen, weil sie Gott folgen und durch ihn gefestigt sind. »Der Gerechte freut sich am Herrn« (Ps 64,11). Er betet: »Ich habe meine Freude an deinen Gesetzen; ich liebe sie von Herzen; deine Befehle zu befolgen ist das Glück, das mir zufiel; dein Wort ist meinem Fuß eine Leuchte, ein Licht für meine Pfade« (Ps 119).

Und er war fromm. Er liebt Gott, er ehrt und fürchtet ihn, er setzt sein Vertrauen auf ihn. Er betet, meditiert die Heilige Schrift, sucht Gottes Angesicht, da er beim Gottesdienst in seine Gnadennähe kommt. Er ist zugleich bereit, zu dienen und zu helfen wie jene, die ebenfalls im Neuen Testament »fromm« genannt werden: die Diasporajuden, die aus aller Welt aus religiösen Motiven nach Jerusalem kamen (Apg 2, 5), die Männer, die Stephanus bestatteten (Apg 8, 2), Hananias, der bei allen Juden in Damaskus in hohem Ansehen stand (Apg 22, 12). Er gehört zu den »Stillen im Land« (Ps 35, 20), die ohne viel Aufhebens viel Gutes tun. Solche Frömmigkeit ist Frucht der Liebe zu Gott.

Simeon erfüllt also den Willen Gottes, weil er Gott liebt. »Wer den Herrn fürchtet, ist nicht ungehorsam gegen sein Wort; wer ihn liebt, hält seine Wege ein. Wer den Herrn fürchtet, sucht ihm zu gefallen; wer ihn liebt, ist erfüllt von seinem Gesetz« (Sir 2, 15.16). Liebe und Gehorsam gehören zusammen. Jesus sagt: »Wenn ihr mich liebt, werdet ihr meine Gebote halten« (Joh 14, 15). Je größer die Liebe zu Gott ist, um so pünktlicher, gewissenhafter, ja selbstverständlicher ist der Gehorsam. »Wer sich aber an sein Wort hält, in dem ist die Gottesliebe wahrhaft vollendet« (1 Joh 2, 5).

Dem Liebenden ist das Halten des Wortes keine Last, sondern Freude (vgl. 1 Joh 5, 3; 2 Joh 6). Er fühlt sich zum »Hören auf die Stimme Gottes« gedrängt: »Deinen Willen zu tun, mein Gott, macht mir Freude, deine Weisung trag' ich im Herzen« (Ps 40,9). Gehorsam schränkt Freiheit und Freude nicht ein. »Laß uns begreifen – betet die Kirche –, daß wir frei werden, wenn wir uns deinem Willen unterwerfen, und daß wir die vollkommene Freude finden, wenn wir in deinem Dienst treu bleiben« (Oration 33. Sonntag im Jahreskreis).

Von Simeon, dem Gerechten und Frommen, heißt es weiterhin: »*Er wartete auf den Trost Israels*«. Im Alten Bund sind die Frommen geradezu »*Wartende*«, Ausschauende, Hoffende. Ps 31,24f fordert die Frommen auf: »Liebt den Herrn« und bezeichnet sie: »die ihr wartet auf den Herrn«. Sie dürfen zuversichtlich sein, denn »das Auge des Herrn ruht auf allen, die ihn fürchten und ehren, die nach seiner Güte ausschaun« (Ps 33,18). Ihr Vertrauen wird nicht enttäuscht: »Gefallen hat der Herr an denen, die ihn fürchten und ehren, die voll Vertrauen warten auf seine Huld« (Ps 147,11).

Sie warten auf Gutes, auf Gottes Wort und Weisung, Zuwendung und Treue, auf sein rettendes Eingreifen, letztlich auf den Herrn selbst. Er ist Ursprung und Ziel ihrer Erwartung, ihres geduldigen Hoffens in Vertrauen und Zuversicht.

> Das will ich mir zu Herzen nehmen,
> darauf darf ich harren:
> Die Huld des Herrn ist nicht erschöpft,
> sein Erbarmen ist nicht zu Ende.

I. Simeon im Tempel

> Neu ist es an jedem Morgen;
> groß ist seine Treue.
> Mein Anteil ist der Herr, sagt meine Seele,
> darum harre ich auf ihn. (Klgl 3,21–25)

Der Fromme wartet auf den erlösenden Gott: »Bei ihm ist Erlösung in Fülle. Ja, er wird Israel erlösen von all seinen Sünden« (Ps 130,7.8), ein Wort, durch das Mt 1,21 den Namen Jesus erklärt: »Ihm sollst du den Namen Jesus geben; denn er wird sein Volk von seinen Sünden erlösen.« Von ihm sprach auch die Prophetin Hanna im Tempel »zu allen, die auf die Erlösung Jerusalems warteten« (Lk 2,38).

Er ist *»der Trost Israels«*. Was dem Volk in äußerster Ohnmacht und Verlassenheit einst angekündigt wurde, wird erfüllt in messianischer Zeit:

> Tröstet, tröstet mein Volk,
> spricht euer Gott.
> Redet Jerusalem zu Herzen
> und verkündet der Stadt,
> daß ihr Frondienst zu Ende geht,
> daß ihre Schuld beglichen ist. (Jes 40,1f)

Israel erwartete viele Mittlergestalten des Heils, meistens politisch gedeutet im Sinn gewaltsamer Befreiung von Unrecht, Unterdrückung, Unfrieden: den königlichen Messias aus dem Stamm Davids, den hohepriesterlichen oder den prophetischen Heilbringer, den

I. Simeon im Tempel

Menschensohn auf den Wolken des Himmels, den leidenden Gottesknecht.

Keiner ahnte, daß die einzelnen Ströme zusammenliefen in dem »Sohn des Zimmermanns« aus Nazaret (Mt 13,55), Jesus, dem Sohn der Jungfrau Maria und dem Sohn Gottes. Er vereinte in sich das königliche, priesterliche und prophetische Amt und schenkte durch seinen Opfertod am Kreuz Erlösung. »Durch sein Blut haben wir die Erlösung« (Eph 1,7). »Durch Christus wird uns überreicher Trost zuteil« (2 Kor 1,5). In ihm wird »der Gott allen Trostes« offenbar (2 Kor 1,3). Dies schenkt uns die sichere Hoffnung auf »den ewigen Trost« (2 Thess 2,16), der jedes irdische Glück übersteigt. Kein innerweltlich verstandener Messianismus löst die Heilsverheißung ein:

> Seht die Wohnung Gottes unter den Menschen! Er wird in ihrer Mitte wohnen, und sie werden sein Volk sein; und er, Gott, wird bei ihnen sein. Er wird alle Tränen von ihren Augen abwischen: Der Tod wird nicht mehr sein, keine Trauer, keine Klage, keine Mühsal. Denn was früher war, ist vergangen. (Offb 21,3–4).

In Jesus Christus kam der, den Simeon als »Trost Israels« erwartet hat: »Denn der Herr hat sein Volk getröstet und sich seiner Armen erbarmt« (Jes 49,13).

Simeon lebt in Jerusalem, irgendwo, zur Zeit Herodes' des Großen, einer der Stillen im

Lande, begnadet. Einer von vielen! Aber diesem einen war eine besondere Aufgabe zugedacht: Zeuge des Messias zu sein! Für diesen Dienst *»ruhte der Heilige Geist auf ihm«*, der Geist der Propheten. Er offenbarte Zukünftiges, führte zur rechten Zeit, ließ Verborgenes sehen, denn »vom Heiligen Geist war ihm offenbart worden, er werde den Tod nicht schauen, ehe er den Messias des Herrn gesehen habe«. »Jetzt wurde er vom Geist in den Tempel geführt«, und er spricht über das Geheimnis des Kindes und seiner Mutter.

Viele im Tempel sahen das Kind. Er sieht, wer dieses Kind wirklich ist: »Meine Augen haben das Heil *gesehen*«. Solches Sehen ist mehr als Wahrnehmung von Personen, Gegenständen, Farben, Bewegungen, sondern Erkennen der Wirklichkeit. Denn ihm wurden die Augen des Herzens erleuchtet (vgl. Eph 1,18). Er wird in die ganze Wahrheit geführt (Joh 16,13). Ihm gingen die Augen auf: Hier ist mehr als ein Menschenkind auf dem Arm einer Mutter – so sehr ein solches Bild schon zu bezaubern vermag –, mehr als der Sohn eines Zimmermanns aus Nazaret, mehr auch als ein Prophet oder irgendeiner der Großen (Lk 11,31 f) – was wäre auch irdische Größe im Vergleich mit ihm? Sie ist kein Maßstab! Hier ist der Erwartete, das Heil, das Licht, die Herrlichkeit, hier ist der, von dem man immer nur

I. Simeon im Tempel

annähernd sprechen kann. Simeon sieht, was »Propheten und Könige sehen wollten« (Lk 10,24), aber nicht sahen.

Er wurde erleuchtet vom Heiligen Geist. Er sah, weil er glaubte. Dürfen wir – nicht um zu erklären, sondern um zu verstehen – fragen, wie das geschah? Erkennen geschieht nicht ohne Liebe. Macht Liebe aber hellsichtig, wieviel mehr vermag der zu sehen, der erleuchtet ist vom Geist der Liebe. Das Auge reicht weit, bis zu den Sternen, die Liebe reicht weiter, bis ins Herz! Simeon gleicht den Jüngern, die Jesus Christus preist: »Selig sind die, deren Augen sehen, was ihr seht« (Lk 10,23).

Was sah Simeon? Dieses Kind ist das *Heil.* Die Sehnsucht der Menschen nach Befreiung aus Blindheit, Gefangenschaft, Unterdrückung (Jes 42,6f), nach Erlösung von Sünde und Tod, nach Errettung im Gericht wird erfüllt durch dieses Kind. In ihm ist Gott Mensch geworden, hat unser Un-heil sich zu eigen gemacht (vgl. 2 Kor 5,21; 1 Petr 2,24), um es zu tilgen mit seinem Tod.

Sein Heil reicht bis an das Ende der Erde (vgl. Jes 49,6). Sein *Licht* leuchtet für alle. Er ist »das Licht für die Völker« (Jes 42,6). Licht bedeutet im übertragenen Sinn Leben, Glück, Freude, Schutz, Orientierung. Auch Gott wird Licht genannt. Gottes Licht und *Herrlichkeit* machen sein innerstes Wesen, seine unvergleichliche Heiligkeit, nach außen offenbar. In der messianischen Zeit »sieht das Volk, das im Dunkeln lebt, ein helles Licht« (Jes 9,1); der Gottesknecht ist »ein Licht für die Völker« (Jes 42,6; 49,6); die Heilszukunft erstrahlt im Licht; die Völker wallfahrten zum Lichtglanz Gottes in der Heiligen Stadt (Jes 60).

Simeon sieht und bekennt die erfüllte Verheißung: »Ein Licht, das die Heiden erleuchtet« ist dieses Kind. Weiterführend sagt das Johannes-Evangelium: Jesus ist »das Licht der Welt« (Joh 8,12), »der Weg und die Wahrheit und das Leben« (Joh 14,6). Die Finsternis des Irrtums, der Verwirrung, des Bösen wird überwunden durch die Aufnahme des Lichts (Joh 1,5). »Wer mir nachfolgt, wird nicht in der Finsternis umhergehen, sondern wird das Licht des Lebens haben« (Joh 8,12). Licht und Finsternis schließen sich aus (2 Kor 6,14). Darum gilt die Mahnung, »daß in dir statt Licht nicht Finsternis ist« (Lk 11,35). Nur der Böse »haßt das Licht« (Joh 3,20). »Er stößt an, weil das Licht nicht in ihm ist« (Joh 11,10).

Jene, die das Licht aufnehmen, sind »Söhne des Lichts« (1 Thess 5,5), »Kinder des Lichts« (Eph 5,8), »gerufen ins Licht« (1 Petr 2,9).

Das »Licht«, Jesus Christus, strahlt weltweit in alle Völker. Alle sind in dieses Licht gerufen durch die Verkündigung des Evangeliums, das seinen Weg von Jerusalem über Judäa und

I. Simeon im Tempel

Samarien bis an die Grenzen der Erde nimmt (Apg 1,8). Wie Simeon sind die Jünger, die »seine Herrlichkeit gesehen haben« (Joh 1,14), und die Kirche, auf deren Antlitz seine Herrlichkeit widerscheint, gerufen, Christus, das Licht der Völker, allen Geschöpfen zu verkünden (vgl. Mk 16,15).

Simeon ist zum Ziel seines Lebens gekommen, als ihn der Heilige Geist zur Erkenntnis des erwarteten Messias führte. Als er seine Aufgabe erfüllt hatte, durfte er in Frieden scheiden. Der in Treue vollzogene Dienst vor Gott zum Wohl der Menschen schenkt nicht nur im irdischen Leben inneren Frieden, sondern wirkt sich aus im unsagbaren Glück des ewigen Lichts:

> Wenn unser letzter Tag sich neigt,
> dann wehre, Herr, der Finsternis
> und führe uns in deiner Huld
> zum Licht, das keinen Abend kennt.

II
Ein fragender Gesetzeslehrer

*»Unser Gott ist einzig. Darum sollst du
den Herrn, deinen Gott, lieben«*

[25] Da stand ein Gesetzeslehrer auf, und um Jesus auf die Probe zu stellen, fragte er ihn: Meister, was muß ich tun, um das ewige Leben zu gewinnen? [26] Jesus sagte zu ihm: Was steht im Gesetz? Was liest du dort? [27] Er antwortete: Du sollst den Herrn, deinen Gott, lieben mit ganzem Herzen und ganzer Seele, mit all deiner Kraft und all deinen Gedanken und: Deinen Nächsten sollst du lieben wie dich selbst. [28] Jesus sagte zu ihm: Du hast richtig geantwortet. Handle danach, und du wirst leben.

Lukas 10, 25–28

»Was muß ich tun?« Eine wichtige Frage, oft gestellt im Alltag, in Krisen, in schwierigen Situationen (vgl. Lk 12,17; Joh 11,47). Noch wichtiger, wenn es um Letztes geht: »Was muß ich tun, um das ewige Leben zu gewinnen?« (Lk 3,10.12.14; 10,25; 18,18; Apg 2,37).

Jesus antwortete: »Höre Israel! Jahwe, unser Gott, Jahwe ist einzig. Darum sollst du den Herrn, deinen Gott, lieben mit ganzem Herzen, mit ganzer Seele und mit ganzer Kraft.« So steht es im Buch Deuteronomium (Dtn 6,4). Jesus fügt aus Levitikus als ebenso wichtig hinzu: »Du sollst deinen Nächsten lieben wie dich selbst« (Lev 19,18).

Das Wort aus dem Deuteronomium steht im Zentrum der Offenbarung. Es ist ein Programm!

Mit größter Ehrfurcht ist es zu hören. Denn es wird Mose, dem Gesandten Gottes, dem Retter, Lenker und Gesetzesvermittler seines Volkes, dem Vorbild der Glaubenden in den Mund gelegt. Fromme Juden tragen es in einer Kapsel am linken Handgelenk und auf der Stirn. Sie befestigen es an den Türpfosten. Herz und Sinn sollen hingelenkt sein auf Gott; »Kommen und Gehen« finden Orientierung durch dieses Wort. Jesus nennt es auf die Frage nach dem ersten Gebot (Mk 12,29–31; Mt 22,34–40) oder läßt es durch einen Gesetzeslehrer zitieren (Lk 10,25–28). Die Kirche liest es an jedem Sonntag und Hochfest nach der ersten Vesper.

I. *Höre Israel!* Ein Volk wird zusammengerufen. Merkt auf, nehmt auf! Israel damals, heute die Kirche. Ein Wort wird verkündet, das durch Jahrtausende überliefert ist. Es ist erprobt und bewährt. Nur wer verführt ist zur Geschichtslosigkeit, beachtet Überliefertes nicht. Lieber spielt er mit Trümmern, als auf Fundamenten zu bauen.

Überliefert wird Gottes Wort, nicht Selbsterdachtes! Keine Philosophie kann es ersetzen. Es schenkt Orientierung und Heil, es richtet und rettet, ermutigt und mahnt, tröstet und heilt, es nimmt in Pflicht und kennt kein Sowohl-als-auch. Es ist das Weg weisende, nicht wegweisende Wort. Das Geschick des Menschen hängt ab vom Hören und Tun des Wortes. Jesus sagt: »Wer meine Worte hört und danach handelt, ist wie ein kluger Mann, der sein Haus auf Fels baute« (Mt 7,24); »meine Mutter und meine Brüder sind die, die das Wort Gottes hören und danach handeln« (Lk 8,21); »wer mein Wort hört und dem glaubt, der mich gesandt hat, hat das ewige Leben« (Joh 5,24).

Gottes Wort ist nicht überholt oder veraltet. Es läßt sich nicht biegen und strecken, bis es in das eigene Maß paßt.

Viele suchen das Wort Gottes. Sie fragen nach dem Sinn des Lebens und des Leids, der Herkunft und Zukunft des Menschen. Wissenschaften und Weltanschauungen wissen keine endgültige Antwort. Vorläufiges stellt nicht zufrieden. Hypothesen sind wie dünnes Eis. Sie versprechen mehr, als sie halten. Auch will der Mensch mehr als Produktion und Konsum, Erfolg und Wohlstand. Er lebt nicht vom Brot allein. Er braucht das Wort, das aus dem Mund Gottes kommt (vgl. Dtn 8,3), das unverkürzte Wort der ganzen Offenbarung.

Parolen sättigen nicht. Gottes Wort schenkt Sicherheit. Denn es ist unüberbietbar, weil keiner über Gott steht. Es ist nicht dem subjektiven Urteil »ich finde gut« oder »ich meine aber« unterworfen. Das Wort Gottes zwingt sich nicht auf. Wer es aber hören will, dem enthüllt es Wahrheit und Weg, Schönheit und Glück.

Worauf sollen wir hören? Was sagt uns das Wort?

II. *Unser Gott ist einzig!* Das ist die Sprache der Liebe. Liebende sagen: »Du, meine Liebe, mein einziges Gut«. Im Hohenlied singt der Bräutigam: »Einzig ist meine Taube, die Makellose« (Hld 6,9). Sie ist anders als alle andern, sie ist einzig für ihn. Von Jesus bezeugt der Vater: »Das ist mein geliebter (= mein einziger) Sohn, an dem ich Gefallen gefunden habe« (Mt 3,17 par). Gott ist der Einzige für uns.

Warum solche Sprache der Liebe?

1. *Israel antwortete:* Gott hat uns erwählt, geführt und beschenkt.

Er hat sein Volk »ins Herz geschlossen und *ausgewählt*«, nicht weil es zahlreicher als andere Völker war – es war vielmehr das kleinste –, sondern »weil der Herr euch liebt und weil er auf den Schwur achtet, den er euren Vätern geleistet hat« (Dtn 7,8). Er hat sich für dieses Volk entschieden, es beschützt und ist in ein besonders enges Verhältnis zu ihm getreten: »Dich hat der Herr ausgewählt, damit du unter den Völkern, die auf der Erde leben, das Volk wirst, das ihm persönlich gehört« (Dtn 14,2).

Er führte es »durch Feuer und Wasser« (Ps 66,12) in die Freiheit aus dem »Sklavenhaus« Ägypten (Dtn 5,6) unter Zeichen und Wunder mit starker Hand und hoch erhobenem Arm (Dtn 7,19). Die Geschichte Gottes mit seinem Volk ist eine Geschichte der Führungen und Fügungen.

Und er *schenkte* ihm ein Land, »wo Milch und Honig fließen« (Dtn 6,3), ein »gutes« (Dtn 1,25), fruchtbares, schönes, reiches, gesegnetes Land, das hymnisch gepriesen wird: »Es ist ein Land, um das der Herr, dein Gott, sich kümmert. Stets ruhen auf ihm die Augen des Herrn, deines Gottes, vom Anfang des Jahres bis zum Ende des Jahres« (Dtn 11,12).

Bei der Darbringung der Erstlingsfrüchte zur Zeit der Ernte bekannte man: »Mein Vater war ein heimatloser Aramäer. Er zog nach Ägypten, lebte dort als Fremder mit wenigen Leuten und wurde dort zu einem großen, mächtigen, zahlreichen Volk ... Der Herr führte uns mit starker Hand und hoch erhobenem Arm, unter großen Schrecken, unter Zeichen und Wundern aus Ägypten ... und gab

II. Ein fragender Gesetzeslehrer

uns dieses Land, ein Land, in dem Milch und Honig fließen« (Dtn 26,5–9).

2. *Im Neuen Bund* hören wir ebenso drei Antworten, ist ja in der Geschichte des Volkes Israel und im Alten Bund vorbereitet, was in der Fülle der Zeiten geschah. Die Kirche, das »Israel Gottes« (Gal 6,16), von Christus gestiftet, vom Heiligen Geist am Pfingstfest geoffenbart, ist das *erwählte Gottesvolk:* »Ihr seid ein auserwähltes Geschlecht, eine königliche Priesterschaft, ein heiliger Stamm, ein Volk, das sein besonderes Eigentum wurde« (1 Petr 2,9). Erwählung ist Geschenk der Gnade: »Einst wart ihr nicht sein Volk, jetzt seid ihr Gottes Volk« (1 Petr 2,10). Erwählung kennt keine Grenzen, denn sie gründet nicht in menschlicher Leistung, sondern in dem umfassenden Heilswillen Gottes, dem Vater aller Menschen und im Opfer Jesu Christi, das er dargebracht hat für alle: »Und ich, wenn ich über die Erde erhöht bin, werde alle zu mir ziehen« (Joh 12,32). Erwählung verpflichtet zur Heiligkeit: »In Christus hat er uns erwählt vor der Erschaffung der Welt, damit wir heilig und untadelig leben vor Gott« (Eph 1,4).

Gott *führt* die Kirche durch den Heiligen Geist bis zur Wiederkunft des Herrn. Er belebt, eint und bewegt die Kirche wie die Seele den Leib.

Und er *schenkt* ihr ein Land, das schöner und

reicher ist als das Land, in dem Milch und Honig fließen: das Land des Lichtes und des Friedens. Er schmückt seine Kirche wie eine Braut.

3. Diese Antworten gelten schließlich auch *für den Einzelnen*. Keiner ist aus sich selbst, und keiner verdankt sich einem blinden Geschick. Gott ruft jeden ins Leben und zum Heil. Gott nennt Namen, nicht Nummern.

Gott *erwählt* Menschen aus jedem Alter, Beruf, Lebensstand zum Dienst in Kirche und Welt. Dazu schenkt er verschiedene Gnadengaben (1 Kor 12). Er fragt heute jeden Getauften und Gefirmten wie einst den Propheten Jesaja: »Wen soll ich senden? Wer wird für uns gehen« (Jes 6,8)?

Gott erwählt Menschen zu ungeteiltem Dienst in geistlichen Berufen. Er wählt auf vielfache Weise: durch Worte, Erfahrungen, Ereignisse. Durch den Wunsch, Menschen zu helfen; durch den Drang, die frohe Botschaft zu verkünden; durch den Willen, das Reich Gottes mitzubauen; durch den geheimnisvoll wortlosen Ruf der Liebe oder die Sehnsucht nach dem Wahren, Schönen, Heiligen oder die Freude am Gottesdienst. Die er aber erwählt hat, läßt er auf dem Weg der Nachfolge Christi in ihrem Beruf reifen.

Gott *führt* auch den Einzelnen. Davon zeugt das Leben der Erzväter, des Mose, der Richter,

II. Ein fragender Gesetzeslehrer

Könige, Propheten, der Apostel und aller Heiligen. Viele Führungsgeschichten ließen sich erzählen. Besonders eindrucksvoll wäre z. B. die Erzählung über den ägyptischen Josef (Gen 37–50). Gott führt durch Irrungen und Wirrungen des Lebens hindurch. Die Stationen des Lebensweges sind wie Markierungen seiner Führung und Fügung.

Hier wäre der Ort, nicht nur auf das Handeln Gottes im Leben anderer zu sehen, sondern über das eigene Leben nachzudenken. Wir würden wie die Beter der Psalmen bekennen: »Du leitest mich nach deinem Ratschluß« (Ps 73,24) und hoffen: »Um deines Namens willen wirst du mich führen und leiten« (Ps 31,4). Ja selbst in schwieriger Lage würde die Zuversicht nicht schwinden: »Muß ich auch wandern in finsterer Schlucht, ich fürchte kein Unheil; denn du bist bei mir« (Ps 23,4). Alles, was Gott will oder zuläßt, dient unserem Heil. Der Herr kennt Ziel und Weg. Er führt uns wie der gute Hirt seine Schafe (Joh 10,11–21). Er führt hin zu Gott (1 Petr 3,18).

Gott *schenkt* zahllose Wohltaten: das Leben, die Schönheit der Welt, die Wiedergeburt aus dem Wasser und dem Geist, die Sakramente, Liebe, Hoffnung, Zuneigung von Menschen, Trost in Einsamkeit, Hilfe im Leid, Ermutigung in der Prüfung – die Aufzählung findet kein Ende. »Alles, was für unser Leben und unsere Frömmigkeit gut ist, hat Gottes Macht uns geschenkt« (2 Petr 1,3). Wer nachdenklich sieht, erkennt im glitzernden Tau, in jeder Blume, in der leuchtenden Schönheit des Schmetterlings, im tausendfältigen Glanz der Sterne, in der Kraft und Eleganz der Tiere, im Lachen des Kindes, in allem ein Geschenk Gottes! Und wenn wir in der Gnade heimgerufen werden, sind wir ganz umfangen von seiner Liebe. »Nimm teil an der Freude deines Herrn« (Mt 25,21).

III. Darum aber, weil Gottes Liebe erwählend, führend, schenkend vorausgeht, *»darum sollst du den Herrn, deinen Gott, lieben«*. Gottes Liebe ruft nach unserer Liebe. Wir sollen Echo seiner Liebe sein, ein klarer Spiegel, der empfängt und gibt.

1. Liebe umschließt Treue und Hingabe, Dankbarkeit und Vertrauen. »Der Liebende fliegt, läuft und ist froh; er ist frei und wird nicht gehalten. Er gibt alles für alles ... Die Liebe fühlt keine Last, sie scheut keine Mühen, sie mutet sich mehr zu, als sie vermag ...« (Thomas van Kempen, Nachfolge Christi III,5). Liebe setzt alle Fähigkeiten des Menschen ein – das Herz!

2. Gott lieben mit ganzem Herzen! Das heißt: ihm ergeben sein, ihm treu und gehorsam folgen, sich ständig seinem Willen fügen.

II. Ein fragender Gesetzeslehrer

Jesus Christus sagt: »Niemand kann zwei Herren dienen; er wird entweder den einen hassen und den anderen lieben, oder er wird zu dem einen halten und den anderen verachten« (Mt 6,24). Wer Gott liebt, gründet seine Existenz auf ihm: »Gott ist der Fels meines Herzens und mein Anteil auf ewig« (Ps 73,26). Er überläßt sich ihm mit Zuversicht: »Der Herr läßt dich nicht fallen, und er verläßt dich nicht« (Dtn 31,8).

3. Liebe bewährt sich in unentwegtem Dienst, in der Kreuzesnachfolge, im Leiden um des Herrn willen, im Verzeihen, in der Feindesliebe. »Wer meine Gebote hat und sie hält, der ist es, der mich liebt« (Joh 14,21).

IV. Wie aber können wir die Liebe Gottes durch unsere Liebe beantworten? Drei Möglichkeiten zeigt das Verhalten Liebender: Sie bleiben, sprechen miteinander und wollen einander ähnlich sein.

1. Liebende *bleiben!* In Gemeinschaft und Treue, bei Freude und Not, in Glück und Gefahr. Bleiben ist Ausdruck der Treue und Liebe. Jesus sagt: »Bleibt in meiner Liebe« (Joh 15,9). Jene, die er erwählt und mit der Liebe Vaters beschenkt hat, müssen sich als seine Jünger bewähren durch Bewahrung des Glaubens, Halten der Gebote, Tun der Liebe. Nichtbleiben ist Mangel an Liebe.

II. Ein fragender Gesetzeslehrer

»Bleiben« geschieht unauffällig, wie selbstverständlich. Große Gesten, selbst Worte gehören nicht dazu. Liebende finden ihr Glück – auch ihre Aufgabe – im Beieinanderbleiben: Junge Menschen, die nicht modisches Getue, sondern einander suchen; alte Menschen, die so sehr eins geworden sind, daß sie nur noch wünschen, sie möchten beieinanderbleiben ohne Ein-samkeit; kranke Menschen, denen es Trost bedeutet, die Nähe des anderen zu spüren mit leiser Gebärde, in den Augen Sorge und Hoffnung. Wo die Augen sprechen und das Herz, können Worte fehlen.

In ähnlicher Weise gibt es ein Bleiben bei Gott in Stille und Geduld durch liebendes Dasein, demütiges Warten, schweigendes Schauen, ehrfürchtige Nähe vor dem Tabernakel, zu Hause, auf dem Krankenbett oder auch in den Augenblicken des Bewußtwerdens der Gegenwart Gottes mitten im Betrieb des lauten Alltags.

2. *Liebende sprechen miteinander.* Sprechen bedeutet mehr als Mitteilung von Gedachtem, Beschlossenem, Erfahrenem. Sprechen ist Austausch und Geschenk, Ausdruck von Vertrauen und Zuneigung. Liebende sprechen über alles. Je größer die Liebe, umso weniger Geheimnisse vor einander! Hat nicht Christus gesagt: »Ich habe euch alles mitgeteilt, was ich von meinem Vater gehört habe« (Joh 15,15).

Nur wenn die Liebe erkaltet, kehrt Schweigen ein. Man gönnt sich kein Wort. Dann erlischt selbst das alltägliche, formelhafte Wort: der Gruß, der Zuruf, die Frage nach dem Ergehen. »Erkaltete Liebe ist Schweigen des Herzens« (Augustinus, zu Ps 38).

Mit Gott ist alles zu besprechen. Gebet wird zum Ernstfall der Liebe. Es läßt nichts verborgen. Lob, Dank, Bitte, die geheimsten Gedanken, Absichten und Wünsche, auch Versagen und Sünde, Hilflosigkeit und Erbärmlichkeit – alles zieht es in das Licht Gottes. Der Betende läßt sich nicht rufen »Adam, wo bist du?« Und er antwortet nicht: »Ich versteckte mich« (Gen 3,9 f).

Das Gespräch mit Gott ist ein besonderer Vorzug des Menschen. »Wir wollen uns rühmen, weil wir dich loben dürfen« (Ps 106,47). Es beglückt und befreit. Denn wir sprechen mit einem Gegenüber, das uns kennt, auch unsere armseligsten Worte versteht, dessen Liebe unendlich groß und dessen Barmherzigkeit ohne Grenze ist. Er lacht nicht über Unbeholfenheit und Fehler; er verletzt nicht durch peinlich-feinen Spott! Unser Gott ist einzig! Gott, dem ich mich in die Arme werfen darf wie ein Kind – lachend, weinend, glücklich, schuldig, immer: »Abba, lieber Vater« (Röm 8,15).

3. *Liebende wollen einander ähnlich sein.* Die

Freude des einen ist die Freude des anderen, der Schmerz des einen erfüllt den anderen. »Wohin du gehst, dahin gehe auch ich, und wo du bleibst, da bleibe auch ich ... wo du stirbst, da sterbe auch ich, da will ich begraben sein« (Rut 1,16.17). Durch ihre Gedanken, Worte und ihr Tun sind sie so ähnlich geworden, daß selbst Haltung, Ausdruck und Gebärde einander gleichen.

Jesus Christus, dem Sohn Gottes, der unsere Menschennatur angenommen hat, werden wir immer ähnlicher, wenn wir leben, was wir aus Gnade sind. Den Blick auf ihn gerichtet, seiner Spur als unserem Weg folgen, denken, reden, handeln wie er, läßt »unser Herz gebildet werden nach seinem Herzen«. Wir müssen vertraut sein mit ihm, in Freundschaft leben mit ihm, traurig sein, daß wir ihm nicht entsprechen, demütig, weil er an uns handelt, glücklich, wenn wir seine Nähe erleben.

III

Die erlöste Ehebrecherin

»Ich verurteile dich nicht«

¹ Jesus ging zum Ölberg. ² Am frühen Morgen begab er sich wieder in den Tempel. Alles Volk kam zu ihm. Er setzte sich und lehrte es. ³ Da brachten die Schriftgelehrten und die Pharisäer eine Frau, die beim Ehebruch ertappt worden war. Sie stellten sie in die Mitte ⁴ und sagten zu ihm: Meister, diese Frau wurde beim Ehebruch auf frischer Tat ertappt. ⁵ Mose hat uns im Gesetz vorgeschrieben, solche Frauen zu steinigen. Nun, was sagst du? ⁶ Mit dieser Frage wollten sie ihn auf die Probe stellen, um einen Grund zu haben, ihn zu verklagen. Jesus aber bückte sich und schrieb mit dem Finger auf die Erde. ⁷ Als sie hartnäckig weiterfragten, richtete er sich auf und sagte zu ihnen: Wer von euch ohne Sünde ist, werfe als erster einen Stein auf sie. ⁸ Und er bückte sich wieder und schrieb auf die Erde. ⁹ Als sie seine Antwort gehört hatten, ging einer nach dem anderen fort, zuerst die Ältesten. Jesus blieb allein zurück mit der Frau, die noch in der Mitte stand. ¹⁰ Er richtete sich auf und sagte zu ihr: Frau, wo sind sie geblieben? Hat dich keiner verurteilt? ¹¹ Sie antwortete: Keiner, Herr. Da sagte Jesus zu ihr: Auch ich verurteile dich nicht. Geh und sündige von jetzt an nicht mehr. *Johannes 8, 1–11*

Sie hat es getan. Sie kann es nicht leugnen. Sie wurde »auf frischer Tat beim Ehebruch ertappt« (V. 4). Das Doppelspiel ist vorbei. Es gibt kein Vertuschen und keine Flucht. Dreifaches Unrecht geschah: gegen Gottes Gesetz, ihren Gatten, ihre Kinder (vgl. Sir 23,23). Sie zerriß das Band der Liebe und des Vertrauens. Sich und anderen wurde sie fremd und führte ein Leben im Widerspruch, getrieben von Angst, irgendwann doch entdeckt zu werden. Auf Ehebruch stand nach uraltem Recht schwere Strafe. Man soll sie hinaustreiben aus der Stadt und mit Steinen zu Tode werfen, damit das Böse ausgerottet werde aus dem Volk. Ihre Ankläger berufen sich auf das Gesetz: »Mose hat uns im Gesetz vorgeschrieben, solche Frauen zu steinigen« (V. 5; Dtn 22,22–24). Nach dem Gesetz müßten beide sterben, »der Ehebrecher samt der Ehebrecherin« (Lev 20,10); sie aber ist allein gelassen in ihrem Elend. Sünde macht einsam! Wird hier zudem mit zweierlei Maß gemessen?

Niemand wird sie fragen, warum sie es tat: ob sie vernachlässigt war oder schwach, ob sie verführt oder ausgenutzt wurde. Niemanden wird es kümmern, ob sie unter dem Treubruch litt, Besserung will, Vergebung erbittet, ob sie von neuem die Sehnsucht nach Liebe und Treue fühlt, enttäuscht von der Leere des Elends, das nach der Verzauberung des Augenblicks schal zurückbleibt. Und niemandem kommt in den Sinn, daß ihre Sünde nicht nur eine böse Tat in Freiheit ist, sondern in den Bereich der Mächte der Finsternis hineinreicht (Röm 7,14–25; Eph 2,2; 6,12), die die Welt be-

III. Die erlöste Ehebrecherin

herrschen, denn »die ganze Welt steht unter der Macht des Bösen« (1 Joh 5,19). Nur der Buchstabe des Gesetzes gilt!

Schon wird sie von den Schriftgelehrten und Pharisäern durch den Tempel gebracht: zum Gericht zur Verurteilung oder vom Gericht zum Tod. Eine Gruppe erregter, gestikulierender, lärmender Menschen. Sie trifft auf eine andere Gruppe: Jesus sitzt da und lehrt das Volk, wie er es häufig im Tempel tat (Lk 19,47; 21,37; 22,53). Viele sind gekommen. Ruhig hören sie ihm aufmerksam zu; sie möchten kein Wort überhören. Wer ihn verstehen will, muß ihn selbst hören, nicht das, was »viel über ihn hin und her geredet« wird (Joh 7,12)! Sie spüren – betroffen von seiner Lehre –, daß »er sie lehrte wie einer, der (göttliche) Vollmacht hat, und nicht wie ihre Schriftgelehrten« (Mt 7,29).

Denen aber ist das ein Dorn im Auge. Eifersüchtig, verblendet, hartherzig planen sie längst, ihn zu verhaften oder gar umzubringen, »aber sie fürchteten das Volk«, »denn das ganze Volk hing an ihm« (Lk 19,47 f; 20,19).

Doch dieses Mal soll er ihnen nicht entgehen. Endlich »haben sie einen Grund, ihn zu verklagen« (V. 6). Die Falle ist spitz gestellt. Klappt sie zu, ist er verloren; weicht er aus, verliert er das Volk. Um ihn also geht es, »ihn wollen sie auf die Probe stellen« (V. 6), ihn

III. Die erlöste Ehebrecherin

wollen sie zur Strecke bringen. Die Frau ist ihnen jetzt gleichgültig geworden. Sie ist nur mehr ein Spielball in diesem Drama um Leben und Tod.

Das zynische Szenarium beginnt. Die Frau muß in die Mitte – wie vor Gericht. Man gafft sie an; sie ist erniedrigt zum Objekt schamloser Neugier, beschämt, der Würde beraubt, brennenden Blicken preisgegeben. So eine also ist sie! Sie schreit nicht. Sie schweigt! Wer so erniedrigt wird, lernt schweigen!

Einer beginnt. Die Anrede klingt höflich: »Meister!« So spricht man jene an, die aus der Tora, dem geoffenbarten Gesetz, Gottes Weg und Willen weisen. Der Tatbestand ist klar, es bedarf keines Verhörs: »Diese Frau wurde beim Ehebruch auf frischer Tat ertappt.« Das Gesetz wird korrekt zitiert: »Mose hat uns im Gesetz vorgeschrieben, solche Frauen zu steinigen« (V. 4 f). Doch dann enthüllt die Frage die Absicht: »Was sagst du?« Kann er denn anderes sagen als Mose, der das Gesetz von Gott, der höchsten Autorität, empfangen hat? Ist er nicht eingeschlossen in den Kreis der Empfänger, das Volk der Erwählung, wenn »uns« die Vorschrift gegeben ist? – Durch die Frage wird listig die Falle gestellt. »Es gibt eine listige Schläue, doch sie ist ungerecht; mancher verstellt sich, um Rechtschaffenheit vorzutäuschen« (Sir 19,25). Plädiert Jesus für

III. Die erlöste Ehebrecherin

Nachsicht – das entspräche seiner Verkündigung: »Ich bin gekommen, um die Sünder zu rufen, nicht die Gerechten« (Mt 9,13), zumal die Kranken, nicht die Gesunden des Arztes bedürfen und »die Frommen« lernen müssen, was es heißt: Barmherzigkeit will ich –, dann spricht er gegen die Durchführung des Gesetzes und damit gegen Gott; fordert er aber, nach der Strenge des Gesetzes zu verfahren, wird er unglaubwürdig beim Volk. Er gäbe sich auf. Sie wittern schon den Triumph!

»Jesus aber bückte sich und schrieb mit dem Finger auf die Erde« (V. 6). Sein Verhalten gibt viele Fragen auf.

Ist dem, der eben noch lehrte, das Wort ausgegangen wie einst Jeremia, der nach der Auseinandersetzung mit Hananja wortlos »seines Weges ging« (Jer 28, 1–11)?

Braucht er, der erfüllt war von der Kraft des Geistes (Lk 3, 22; 4, 1.14 u. ö.), Zeit zum Überlegen, wie aus dem Dilemma herauszukommen sei?

Gibt er sich unbeteiligt, als ginge ihn die Sache nichts an, zumal der Tatbestand und das vorgeschriebene Verfahren eindeutig sind? (Dtn 22, 22 formuliert kasuistisch, anwendbar im Prozeß: wenn ... dann.)

Notiert er – römischem Prozeßverfahren entsprechend – den Urteilsspruch zunächst für sich, bevor er ihn bekannt gibt?

III. Die erlöste Ehebrecherin

Im Darmstädter Hitda-Kodex (Äbtissin Hitda von Meschede um 1000–1020) schreibt der Herr »Terra terram accusat – Erde klagt Erde an« auf den Boden.

Oder hat vielleicht der betrogene Ehemann, der sich seiner untreuen Frau entledigen will, seine Hand im Spiel und wird von Jesus durch das auf die Erde geschriebene Wort entlarvt: »Von einem unlauteren Verfahren sollst du dich fernhalten« (Ex 23,7)?

Lauter Fragen, die der Text offenläßt. Vielleicht – so meinten schon Ambrosius, Augustinus, Hieronymus – erinnerte Jesus an das Wort beim Propheten Jeremia: »Alle, die dich verlassen, werden zuschanden; die sich von dir abwenden, werden in den Staub geschrieben« (Jer 17,13). Alle! Denn keiner ist ohne Sünde. »Wenn wir sagen, daß wir keine Sünde haben, führen wir uns selbst in die Irre, und die Wahrheit ist nicht in uns« (1 Joh 1,8). Keiner hat deshalb Bestand vor dem Gericht Gottes. Alle sind wie Buchstaben im Sand. Der Wind weht sie fort. Auch die Ankläger! Gerade sie, die mit soviel Schläue die Sache eingefädelt haben, sollen an die eigenen Sünden denken, statt fremde anzuprangern. Dieses »prophetische Zeichen« konnten die in der Schrift bewanderten Ankläger, die Schriftgelehrten und Pharisäer, durchaus verstehen.

Doch sie verstanden die Mahnung nicht!

III. Die erlöste Ehebrecherin

Sie glauben sich ihrer Sache zu sicher. Das macht blind und taub. »Der Reiz des Bösen verdunkelt das Gute« (Weish 4,12). Sie hätten – aus Lebenserfahrung – wissen müssen: »Überhebe dich nicht, damit du nicht fällst und Schande über dich bringst; sonst enthüllt der Herr, was du verbirgst, und bringt dich zu Fall inmitten der Gemeinde« (Sir 1,30). »Hartnäckig fragen sie weiter« (V. 7), als wollten sie ihren Gegner jetzt erledigen. Endgültig soll es aus sein mit ihm! Wer ihn nicht liebt, muß ihn hassen (Mt 6,24; Lk 16,13).

»Da richtet der Herr sich auf« (V. 7), ruhig, sicher – wie damals in Nazaret, als er mitten durch die wütende Menge schritt (Lk 4,28–30). Die Szene ändert sich mit einem Wort: »Wer von euch ohne Sünde ist, werfe als erster einen Stein auf sie.« Die Falle klappt nicht zu; er ist der souveräne Herr! Er mißachtet nicht das Gesetz, und er nimmt seine Verkündigung nicht zurück. Nicht er, seine Gegner sind in die Enge getrieben. Endlich verstehen sie: Wer als Sünder unter dem Gericht Gottes steht – und das sind alle! –, erhebe sich nicht zum Gericht über andere Sünder. »Richtet nicht, dann werdet auch ihr nicht gerichtet werden. Verurteilt nicht, dann werdet auch ihr nicht verurteilt werden. Erlaßt einander die Schuld, dann wird auch euch die Schuld erlassen werden« (Lk 6,37).

III. Die erlöste Ehebrecherin

Wer vermessen urteilt, überheblich kritisiert und nörgelnd nur das Schlechte sieht beim andern, widerspricht wahrhaftiger Selbsterkenntnis, dem Gebot der Liebe und der allen notwendigen und geschuldeten Barmherzigkeit. Der Überhebliche verurteilt sich selbst. Selbsterkenntnis führt zu Demut, Milde und Geduld. Ohne sie ist niemals Gemeinschaft möglich.

Da gehen sie fort, einer nach dem anderen, die Ältesten, Lebenserfahrenen zuerst (V. 9), nachdenklich, mundtot. Wen träfe das Wort Jesu nicht?

»Jesus blieb allein zurück mit der Frau« (V. 9). Sie noch an derselben Stelle, »in der Mitte«, er nahe bei ihr! Jetzt geht es wieder um sie. Ihm ging es immer um sie, die gepackt war von Todesangst, verstrickt in die Not der Verlorenheit der Trennung von Gott, der Einsamkeit des Herzens. Ihre Ankläger sind fort. Was jetzt noch geschieht, spielt sich ab zwischen ihm und ihr. Immer hat er sich den Sündern einzeln zugewandt: der Sünderin im Haus des Pharisäers Simon (Lk 7,36–50), dem Zöllner Zachäus (Lk 19,1–10), dem reumütigen Verbrecher am Kreuz (Lk 23,40–43), dem Apostel Simon Petrus (Joh 21,17).

Ein Dialog behutsamen Feingefühls beginnt. Er fragt. Doch er fragt sie nicht aus, er fragt nicht nach Gründen, Entschuldigungen,

III. Die erlöste Ehebrecherin

näheren Umständen ihres Tuns, er fragt sie nicht einmal direkt – sondern er fragt sie, die Sünderin, die Verachtete, Todeswürdige nach ihren Anklägern: »Frau, wo sind sie geblieben? Hat dich keiner verurteilt?« Nur noch »keiner, Herr« braucht sie zu sagen. Welch edle Vornehmheit gegenüber einer verwundeten Seele! Wie leicht schnürt sonst das Bekenntnis der Schuld die Kehle zu, und der Mund spricht anders, als das Herz es wollte.

Die Ankläger nannten Jesus »Meister, Lehrer, Rabbi«. Ein ehrenvoller Titel. Sie nennt ihn »Herr«. Herr, Kyrios, Adonai, Jahwe – das ist Anrede für Gott. Erkannte sie, was den Schriftgelehrten und Pharisäern verborgen blieb: »Der Menschensohn hat die Vollmacht, hier auf der Erde Sünden zu vergeben« (Lk 5,24) und bedachte dabei, »wer außer Gott kann Sünden vergeben?« Muß einer erst seine Grenze erfahren, um zu dieser tiefen Erkenntnis zu kommen wie Thomas, wie Petrus, wie Paulus, wie diese Frau?

Welchen Umsturz der Gefühle, welchen Rausch des Glücks, welche Flut der Seligkeit löst sein Wort aus: »Ich verurteile dich nicht.« Seine Liebe ist größer als die Sünde, stärker als der Tod, machtvoller als die Mächte des Bösen. Einer, dieser Eine verurteilt sie nicht, wirft sie nicht weg, läßt sie nicht fallen, verschmäht sie nicht. Einer , dieser Eine liebt sie trotz allem, was war. Dieser Eine will nichts von ihr – nur, daß sie seine Liebe annimmt.

Verharmlost er nicht ihre Sünde, deren Schwere ihr eben noch bewußt war, als sie auf den Tod verklagt war? Demonstriert er gönnerhaft Güte, die in dieser Situation eher verletzt statt heilt? Oder ist seine Menschenfreundlichkeit ebenso ein taktisches Spiel wie die zur Schau gestellte Gesetzestreue seiner Gegner?

Nichts davon trifft zu! Er macht nicht durch einen souverän-willkürlichen Richterspruch Unrecht zu Recht, sondern er nimmt das Heil dieser einen Frau so ernst, daß er für sie am Kreuz stirbt wie für alle, zu deren Erlösung er gekommen ist, wie es sein Name »Jesus« sagt (Mt 1,21). Das Kreuz enthüllt die Schwere der Sünde, das durchbohrte Herz die Schuld der Menschen und zugleich seine Liebe. Er ist das Lamm Gottes, das die Sünde der Welt hinwegnimmt (Joh 1,29). Er ist »die Gabe und das Opfer, das Gott gefällt« (Eph 5,2), »das Lösegeld für alle« (1 Tim 2,6; Tit 2,14). »Er ist die Sühne für unsere Sünden« (1 Joh 2,2; 4,10), »erschienen, um die Sünde wegzunehmen« (1 Joh 3,5). »Für unsere Sünden« hat er sich hingegeben, »für uns« ist er gestorben (Gal 1,4; Röm 5,6–8; 14,15; 1 Kor 15,3; 2 Kor 5,14f; 1 Thess 5,10), ja er wurde, da er uns freikaufte, für uns zum Fluch (Gal 3,13). Gott »hat

III. Die erlöste Ehebrecherin

den, der keine Sünde kannte, für uns zur Sünde gemacht« (2 Kor 5, 21), damit die Sünde an seinem Fleisch vernichtet würde. »Für uns« in der Schicksalsgemeinschaft der Sünder zu sterben enthüllt sein eigentliches Wesen. »Gott war es, der in Christus die Welt mit sich versöhnt hat« (2 Kor 5, 19). Der Grund für diese barmherzige, das Geschick des Menschen für Zeit und Ewigkeit entscheidende Tat Gottes ist seine Liebe zu der in Schuld und Sünde verstrickten, daher verlorenen Welt (Gal 2, 20; Eph 5, 2). »Gott hat die Welt so sehr geliebt, daß er seinen einzigen Sohn hingab, damit jeder, der an ihn glaubt, nicht zugrunde geht, sondern das ewige Leben hat« (Joh 3, 16).

So stirbt er, der wahre Mensch und wahre Gott, der Sündelose, Reine stellvertretend sühnend ihren Tod. Darum kann er sagen: Ich verurteile dich nicht. Ihr und jedem Sünder gilt seine göttlich große Liebe.

Sein erlösendes Wort macht frei: »Geh!« Die eben noch den Tod vor Augen hatte, ist dem Leben zurückgegeben. Wie wird sie die Freiheit nutzen? Verzeihung mindert nicht den Ernst der Forderung:

»Sündige von jetzt an nicht mehr« (V. 11). Von jetzt an! Der rechte Weg steht ihr von neuem offen. Der Neubeginn trägt in sich Hoffnung und Chance zum Gelingen. Ihre Sünde existiert nicht mehr. Ihr Weg weist nach vorn! Festhängen am Gewesenen, Grübeln über Vergangenes lähmen den Fortschritt zum Guten. Zwar können die Narben der Sünden schmerzen, doch was sie erinnern ist Anlaß zum Lob der Barmherzigkeit Gottes und Mahnung, der eigenen Kraft zu mißtrauen.

Er traut ihr zu, nicht mehr zu sündigen. Das gibt Mut. Mißtrauen weckt Angst, Angst macht unsicher und schwach.

Er traut ihr zu, die Umkehr des Herzens ganz zu vollziehen. Die Forderung allein überfordert, doch ist sie erfüllbar durch die Kraft, die Gott mit seiner Forderung schenkt. »Alles vermag ich durch ihn, der mir Kraft gibt« (Phil 4,13).

Er traut ihr zu, mit neuer Liebe auf die stets größere Liebe Gottes zu antworten. Vertrauen weckt Verantwortung, durch Verantwortung wächst der Mensch.

Sie hat, als sie im Elend der Sünde einsam, entehrt, der Würde beraubt mit dem grausamen, schimpflichen Tod bedroht war, in der Nähe des Herrn die Treue Jesu zu seiner Liebe, seine Barmherzigkeit und sein Vertrauen erfahren. Ihr Geschick ist bleibende Verkündigung: helfender Zuspruch jedem Menschen in der Sünde und Anspruch für den Erlösten: »Laß dich nicht vom Bösen besiegen, sondern besiege das Böse durch das Gute« (Röm 12,21).

IV

Ein Mann namens Zachäus

»Der Menschensohn ist gekommen, um zu suchen und zu retten, was verloren war«

¹ Dann kam er nach Jericho und ging durch die Stadt. ² Dort wohnte ein Mann namens Zachäus; er war der oberste Zollpächter und war sehr reich. ³ Er wollte gern sehen, wer dieser Jesus sei, doch die Menschenmenge versperrte ihm die Sicht; denn er war klein. ⁴ Darum lief er voraus und stieg auf einen Maulbeerfeigenbaum, um Jesus zu sehen, der dort vorbeikommen mußte. ⁵ Als Jesus an die Stelle kam, schaute er hinauf und sagte zu ihm: Zachäus, komm schnell herunter! Denn ich muß heute in deinem Haus zu Gast sein. ⁶ Da stieg er schnell herunter und nahm Jesus freudig bei sich auf. ⁷ Als die Leute das sahen, empörten sie sich und sagten: Er ist bei einem Sünder eingekehrt. ⁸ Zachäus aber wandte sich an den Herrn und sagte: Herr, die Hälfte meines Vermögens will ich den Armen geben, und wenn ich von jemand zu viel gefordert habe, gebe ich ihm das Vierfache zurück. ⁹ Da sagte Jesus zu ihm. Heute ist diesem Haus das Heil geschenkt worden, weil auch dieser Mann ein Sohn Abrahams ist. ¹⁰ Denn der Menschensohn ist gekommen, um zu suchen und zu retten, was verloren ist.

Lukas 19, 1–10

Die Daten sind schnell erfaßt. Name: Zachäus. Nationalität: Jude. Beruf: Oberzöllner. Wohnhaft: Jericho. Besondere Merkmale: Klein. Geburtsdatum: Keine genaue Angabe. Er lebte zur Zeit Jesu. Er begegnete ihm, als Jesus kurz vor seinem Tod auf dem Weg nach Jerusalem war.

Zehn Verse widmet ihm das Neue Testament (Lk 19,1–10). Einmal nur ist er Jesus begegnet; diese eine Begegnung hat ihn verändert. Dennoch: Es geht im Evangelium nicht nur um Zachäus, es geht um das Erbarmen Gottes, es geht um uns: um Gott, der voll Erbarmen ist, um uns, die wir infolge unserer Sünden tot waren (Eph 2,4).

Gottes Erbarmen ist größer als die Sünde, tiefer als Gerechtigkeit. »Gott ist von Natur aus barmherzig und bereit, in Güte die zu retten, die er nicht durch Gerechtigkeit retten kann« (Hieronymus, Com. in Jon. Lib II).

Der syrische Dichter Kyrillonas sagt am Ende des 4. Jahrhunderts (Text gekürzt):

»Das Meer des Erbarmens durchbrach seine Schranken, um die Unreinheit des Zachäus abzuwaschen, und da die Gnade größer war als die Schuld, so erhob sich der Schuldige, ohne bestraft zu werden.

Euch, o Sünder, ruft er durch Zachäus, damit ihr sehen mögt, wie gewaltig seine Liebe ist; gleich einem Fischer wirft sie die Netze aus, damit sich der Herr eurer Schar über euch freue.

Preiset den Herrn, denn er hat den Sünder, der verloren war, aufgesucht und sich seiner angenommen; er hat uns einen Weg gebahnt,

IV. Ein Mann namens Zachäus

auf dem wir gehen sollen, damit er uns die Barmherzigkeit austeile, mit der er beladen ist.«

Zachäus war reich (V. 2). Er bewohnte wohl eine der Villen im hellenistisch-römischen Jericho, in denen auch die Oberschicht Jerusalems den Winter verbrachte. Das Klima ist im Winter mild in der 1000 m tiefer als die Hauptstadt gelegenen fruchtbaren Oase. Er sah Kypros, die luxuriöse Burg Herodes' des Großen am Eingang zum Wadi Qelt; die königlichen Paläste, erbaut und eingerichtet nach der neuesten, aus Rom importierten architektonischen Mode; die Pferderennbahn und das Theater, die Bäder und Teiche; die Anlagen und Gärten, bewässert von der Sultansquelle und dem Wasser, das durch hochgebaute Aquädukte hergeleitet wurde. Flavius Josephus schreibt begeistert: »Man würde nicht fehlgehen, wenn man diesen Ort, an dem die seltensten und schönsten Pflanzen so reichlich wachsen, als göttlich bezeichnete.« Doch wurde dieses Jericho »das unser Herr und Heiland durch seine Gegenwart auszuzeichnen würdigte, bei der Eroberung Jerusalems ... dem Erdboden gleichgemacht« (Eusebius von Caesarea). Von der herodianischen Pracht blieb nichts. Wer heute Jericho (Eriha) im Graubraun der zerklüfteten Wüste besucht, mag an die berühmten Palmenhaine denken und die reichen Balsampflanzungen, an den Duft der Blumen und Gewürzgärten.

Zachäus mußte eigentlich glücklich sein. Er besaß, was manche erträumen: einen einträglichen Beruf, eine leitende Stellung, eine Wohnung in bevorzugter Lage. Aber war er glücklich? Man sah ihn nicht gern in den Kreisen der gehobenen Mittelschicht – trotz seines Reichtums. Seine Landsleute verachteten ihn – obwohl er Jude war. Er litt durch Menschen und litt an sich. Er führte ein Leben im Zwiespalt, im Widerspruch. Wie gern wäre er den anderen gleich! Aber »Zöllner und Sünder« nannte man in einem Atemzug (Mt 11,19; Mk 2,16; Lk 15,1). Den frommen Juden galten die Zöllner wie Heiden. Man warf ihnen vor: Sie beuten die Leute aus, sie wirtschaften in die eigene Tasche, sie machen gemeinsame Sache mit der verhaßten Besatzung. Denn sie pachteten den Zoll von den Römern, verpachteten ihn an untergeordnete Zolleinnehmer, und jeder schlug möglichst viel dabei heraus. 35 Ausdrücke, mit denen man sie beschimpfte, nennt der attizistische Lexikograph Julius Pollux (Ende des 2. Jh.), z.B. lästig, unverschämt, Würger, wilder als das Meer, Ersäufer von Ertrinkenden, Unmensch, verhaßt, nimmersatt.

Ein solcher Mann also, dieser Zachäus, reich, aber schlecht beleumdet, »wollte gern sehen, wer dieser Jesus sei« (V. 3).

IV. Ein Mann namens Zachäus

Aus Neugier? Aus Zuneigung? Lief er nur mit, weil die Menge sich um Jesus drängte? Hatten seine Kollegen ihm von Jesus erzählt? Jesus war oft mit vielen Zöllnern zusammen (Lk 5,29f; 7,34; 15,1; 19,7). Sie wollten ihn hören, er aß mit ihnen, er wurde verächtlich ihr Freund genannt. Den Zöllner Levi hatte er zum Jünger in seine Nachfolge gerufen.

Immerhin ging etwas von Jesus aus, das aufmerken ließ, beunruhigte oder begeisterte, Erwartungen weckte und in die Entscheidung rief. Gerade noch hatte er in der Nähe von Jericho einen Blinden geheilt (Lk 18,35–43, vgl. Mt 20,29–34; Mk 10,46–52). Der nannte ihn »Sohn Davids«, rief ihn also mit einem messianischen Titel.

Auch andere, die von Jesus und seinen Taten gehört hatten, wollten ihn sehen. Einige Griechen sagten zu Philippus: »Herr, wir möchten Jesus sehen« (Joh 12,21). Simeon preist Gott, weil er das Heil, den Messias des Herrn, gesehen hatte (Lk 2,26–30). Seine Verwandten, die »wegen der vielen Leute nicht zu ihm gelangen« konnten, wollten ihn sehen (Lk 8,19–21). Der Tetrarch Herodes, der nicht wußte, was er davon halten sollte, was man ihm über Jesus erzählte, »hatte den Wunsch, ihn einmal zu sehen« (Lk 9,7–9), ein Wunsch, der in Erfüllung ging, als Pilatus Jesus zu ihm bringen ließ (Lk 23,6–12).

IV. Ein Mann namens Zachäus

Zachäus wollte so gern sehen! »Doch die Menschenmenge versperrte ihm die Sicht« (V. 3). Er war klein. Niemand nahm Rücksicht.

»Darum lief er voraus«, das Wadi Quelt bergan, überholte die Menge, erkletterte einen Maulbeerfeigenbaum und wartete, »um Jesus zu sehen« (V. 4). Wiederum: Jesus sehen! Sehen schafft Kontakt, Kenntnis, Erfahrung. Sehen läßt aufnehmen, innewerden, verstehen.

Seine Sehnsucht wird nicht enttäuscht. Jesus sieht ihn an. Blicke können glühen, stechen, verletzen, taxieren, fixieren, umschmeicheln, Zeichen geben, Leidenschaft wecken, aber auch beruhigen, beglücken und die Schönheit einer Seele offenbaren. »In den Augen liegt das Herz« (Franz von Kobell). Jesus sieht Menschen an mit erwählendem (Mt 4,18), den Glauben (Mt 9,2) und die Gedanken (Mt 9, 4) erkennendem, mitleidigem (Mt 9,36), durchdringendem (Mk 12,14) oder liebendem (Mk 10,21) Blick. Zachäus, an dem man vorbeisieht – ein Zöllner! –, auf den man herabsieht – ein Sünder! –, den man übersieht – ein Kleiner! (wegen seiner Gestalt, seiner Schlechtigkeit, seines geringen Glaubens) –, dieser Zachäus fühlt, wie die Augen Jesu seine Augen treffen. Da geschieht mehr als bloßes Aufschauen zu dem, der auf den Baum geklettert ist. Einer würdigt ihn eines Blickes; einer

IV. Ein Mann namens Zachäus

erkennt seine Einsamkeit; einer versteht seine Sehnsucht; einer weckt das verborgene Gute in seiner Seele. Dieser eine stößt ihn nicht zurück. Er schaut ihn an mit liebenden Augen, arglos, gewinnend, Güte und Wohlwollen schenkend. Dieser eine, nur dieser eine! Da zerbricht die Liebe das Eis der eigenen Bosheit, hart gefroren im Frost der ständigen Ablehnung. Die Liebe schafft Neues. Das Böse wird durch das Gute besiegt (vgl. Röm 12,21). Vertrauen weckt Vertrauen. Das Herz wird ihm warm!

Und dann der Ruf: »Zachäus!« Jesus nennt ihn mit Namen. So riefen ihn seine Mutter, sein Vater, seine Jugendfreunde. Für ihn ist er kein unbekanntes »Du«, kein Fremder, den man »Hallo« ruft. Angenommensein, Zuneigung, Zärtlichkeit liegen im Namen. Hier wird ein Mensch, ein einmalig lebender Mensch gerufen – und gerettet!

Wie oft ruft Gott Menschen mit Namen! Er ruft als Schöpfer und Erlöser sein Volk: »Fürchte dich nicht, denn ich habe dich ausgelöst, ich habe dich beim Namen gerufen, du gehörst mir« (Jes 43,1). Er läßt es durch den Propheten Hosea in übergroßem Erbarmen *ruhama* »Erbarmen« nennen (vgl. Hos 2,3). Dem Berufenen gibt er einen Namen, der seinem Wesen entspricht: »Der Herr hat mich schon im Mutterleib berufen; als ich noch im Schoß meiner Mutter war, hat er meinen Namen genannt« (Jes 49,1). Der gute Hirt »ruft die Schafe, die ihm gehören, einzeln beim Namen«. Sie folgen ihm, »denn sie kennen seine Stimme« (Joh 10,3 ff).

An Zachäus erfüllt sich die messianische Verkündigung Jesu in der Synagoge von Nazaret:

Er ist gesandt, um den Armen die frohe Botschaft zu bringen (Lk 4,18 f). Was einst dem ganzen Volk zugesagt war, erfährt er durch Jesus an sich: »Mit ewiger Liebe habe ich dich geliebt, darum habe ich dir so lange die Treue bewahrt« (Jer 31,3). Ihn trifft die unüberwindliche Liebe Gottes: »Ich vergesse dich nicht!« (Jes 49,15).

Der Herr lädt sich selbst bei Zachäus ein! Wie der Bräutigam des Hohenliedes (Hld 5,2) klopft er an: »Ich stehe vor der Tür und klopfe an. Wer meine Stimme hört und die Tür öffnet, bei dem werde ich eintreten, und wir werden Mahl halten, ich mit ihm und er mit mir« (Offb 3,20). Er verfügt nicht, er bittet; er unterdrückt nicht die Freiheit, er weckt die Liebe; er demütigt nicht, er wertet auf! »Hatte der Herr auch kein Wort der Einladung aus dem Mund des Zachäus vernommen, hatte er doch dessen inneren Wunsch verstanden« (Ambrosius).

Sofort folgt Zachäus dem Anruf Jesu. »Er

IV. Ein Mann namens Zachäus

nahm ihn freudig bei sich auf« (Lk 19,6). Der Szenenwechsel könnte nicht eindrucksvoller sein! Kurz, fast getragen und nüchtern gibt die Einleitung (V. 1–3) die nötigen Informationen. Mit wenigen Strichen steht zwischen den Zeilen: Einsamkeit und Sehnsucht, Armseligkeit und Erwartung. Dann gerät alles in Bewegung: Gedränge und Geschiebe, Laufen und Klettern, Heraufschauen und Herunterkommen – und am Ende lauter Freude (V. 4–6).

Doch schon folgt der jähe Sturz aus froher Erregung in nörgelndes Kritisieren: »Als die Leute das sahen, empörten sie sich und sagten: Er ist bei einem Sünder eingekehrt« (V. 7). Wie weh das tut! Neid statt Freude, Haß statt Brüderlichkeit, frommes Getue statt des beglückenden Erbarmens!

Mitten in diesem schmutzigen Brodeln eitler Unzufriedenheit erfolgt die Umkehr des Sünders: »Herr, die Hälfte meines Vermögens will ich den Armen geben, und wenn ich von jemand zu viel gefordert habe, gebe ich das Vierfache zurück« (V. 8) – weit mehr, als das Gesetz vorschrieb. Er löst sich von seinem bisherigen Leben. Wer liebt, will schenken. Liebe, die er selbst empfangen, wird in ihm zur Kraft, selbst zu lieben. Er, der nur an seinen Vorteil dachte, denkt jetzt an die Armen. Im Verschenken gewinnt er den Reichtum des Heils durch die Begegnung mit dem Herrn:

IV. Ein Mann namens Zachäus

»Heute ist diesem Haus das Heil geschenkt worden« (V. 9). Der gering war nach dem Urteil der Menschen, ist in Wirklichkeit »ein Sohn Abrahams«, ein Glied des Gottesvolkes.

Sein Heil verdankt er nicht eigenem Können. Es wird ihm geschenkt durch den Menschensohn, der »gekommen ist, um zu suchen und zu retten, was verloren ist« (V. 10). Gott denkt an sein Erbarmen (Lk 1,54).

Wie ein Hirt das verlorene Schaf, das dem Tod ausgeliefert ist, mit Mühe und Sorge sucht (Mt 18,12, vgl. auch Lk 15,3), so geht der Herr dem nach, der in die Gefahr des Scheiterns gerät, des hoffnungslosen Todesgeschicks der Sünde, des Verlustes ewigen Lebens. Er will nicht, »daß jemand zugrunde geht, sondern daß alle sich bekehren« (2 Petr 3,9) und »gerettet werden« (1 Tim 2,4).

Johannes Paul II. schreibt: »Christus wird in Erfüllung der messianischen Propheten die Inkarnation jener Liebe, welche mit besonderer Eindringlichkeit in ihrer Zuwendung zu den Leidenden, den Unglücklichen und den Sündern sichtbar wird: er macht so den Vater, den Gott ‚voll Erbarmens' gegenwärtig und in größerer Fülle offenbar« (Dives in misericordia II, 3).

Zachäus wollte Jesus sehen. Er sah mehr als irgendeinen Mann aus Nazaret. Er nahm den auf, der schon vor seiner Geburt Jesus ge-

IV. Ein Mann namens Zachäus

nannt wurde (Lk 2,21), »weil er sein Volk von den Sünden erlöst« (Mt 1,21).

Eine spätere Legende erzählt, daß Zachäus das Evangelium verkündet habe. Wie könnte einer auch schweigen von dem, was er gehört und gesehen hat (vgl. Apg 4,20). Ihm ergeht es wie dem Psalmisten, der nach Tilgung seiner Frevel, Abwaschen seiner Schuld, Reinigung von seinen Sünden verspricht: »Dann lehre ich Abtrünnige deine Wege ... dann wird meine Zunge jubeln über deine Gerechtigkeit ... und mein Mund wird deinen Ruhm verkünden« (Ps 51,15–17). Zachäus verkündet die Barmherzigkeit Gottes, die ihm zuteil wurde, als er sich bekehrte, seine Sünden bekannte und Besserung mit Wiedergutmachung versprach. Aus eigener Erfahrung spricht er von dem, was Jesus von seinen Jüngern gefordert hatte: »Seid barmherzig, wie es auch euer Vater ist« (Lk 6,36). Die Kraft zum Zeugnis erhält er aus dem persönlichen Umgang mit dem Herrn, in dessen Nähe er zu einem anderen Menschen wurde. Damit steht er in der Reihe der großen Prediger, deren Zeugnis das Deuteronomium bewahrt: »Vergiß nicht die Ereignisse, die du mit eigenen Augen gesehen, und die Worte, die du gehört hast. Laß sie dein ganzes Leben lang nicht aus dem Sinn! Präge sie deinen Kindern und Kindeskindern ein!« (Dtn 4,9).

V

Jerusalemer Frauen am Kreuzweg Jesu

*»Es folgten Jesus Frauen,
die um ihn klagten und weinten«*

[27] Es folgte eine große Menschenmenge, darunter auch Frauen, die um ihn klagten und weinten. [28] Jesus wandte sich zu ihnen um und sagte: Ihr Frauen von Jerusalem, weint nicht über mich; weint über euch und eure Kinder! [29] Denn es kommen Tage, da wird man sagen: Wohl den Frauen, die unfruchtbar sind, die nicht geboren und nicht gestillt haben. [30] Dann wird man zu den Bergen sagen: Fallt auf uns!, und zu den Hügeln: Deckt uns zu! [31] Denn wenn das mit dem grünen Holz geschieht, was wird dann erst mit dem dürren werden? *Lukas 23, 27–31*

Frauen am Weg, dem letzten Weg den Jesus ging. »Eine große Menschenmenge folgte ihm« (Lk 23, 27). Sie drängt sich stoßend, drückend durch die Gassen von der Burg Antonia, dem mächtigen Bollwerk am Tempelplatz oder von der Zitadelle, dem befestigten Herodespalast nach Golgota, einem felsigen Hügel »nahe bei der Stadt« (Joh 19, 20). Schonungslos wird der Verurteilte der Menge zur Abschreckung vorgeführt. Das brutale Geschehen weckt Sensationsgier und niedrigste Instinkte. Brutalität findet zu allen Zeiten Zuschauer und Kunden.

Die meisten lachen, spotten, ballen die Fäuste, als wollten sie zeigen, daß sie immer

V. Jerusalemer Frauen am Kreuzweg Jesu

schon gegen ihn waren. Sie können es kaum erwarten, daß er am Kreuz hängt. Die Niedertracht triumphiert!

Sie haben ihr Opfer! Wie sie eben noch schrien, immer lauter schrien bis Pilatus ihnen endlich nachgab (Lk 23,23 f)! Hilflos hatte er, der Vertreter der römischen Weltmacht mit ihnen gefeilscht: »Ich will ihn auspeitschen lassen, und dann werde ich ihn freilassen« (Lk 23,13–16). Doch eine aufgehetzte Masse kennt keinen Kompromiß. Wehe dem, der nachgibt zur Unzeit! Sie ahnen nicht, daß seine Stunde gekommen ist. Jetzt ist ihre Stunde. »Jetzt hat die Finsternis die Macht« (Lk 22,53).

»Jesus aber lieferte er ihnen aus, wie sie es verlangten« (Lk 23,25). David wollte lieber in die Hände Gottes als in die Gewalt der Menschen fallen (2 Sam 24,14). »Besser ist es, in die Hände des Herrn zu fallen als in die Hände der Menschen. Denn wie seine Größe, so ist sein Erbarmen« (Sir 2,18). Der Menschensohn muß das Nichtgewollt- und Ausgestoßensein bis in den Abgrund der Unbarmherzigkeit erleiden.

Wie er aussieht! »Viele haben sich über ihn entsetzt, so entstellt sah er aus, nicht mehr wie ein Mensch« (Jes 52,14). Das Gesicht geschwollen durch kräftige Schläge, den Mund halbrund geöffnet wie einer, der um Luft

V. Jerusalemer Frauen am Kreuzweg Jesu

ringt, wenn er nicht mehr kann! Blut rinnt von der Stirn, fließt klebrig die Augenbrauen entlang, tropft dick herab. Er zittert, schwankt, fällt. Der »mächtig war in Wort und Tat« (Lk 24,19) ist »von Gott geschlagen, von ihm getroffen und gebeugt« (Jes 53,4), weil er »den, der keine Sünde kannte, für uns zur Sünde gemacht« hat (2 Kor 5,21).

Aber nur kein Mitleid. Sonst könnte man sich mitschuldig fühlen an solchem Elend oder verunsichert. Unrecht verträgt keine Unsicherheit! Unrecht tritt laut und selbstbewußt auf. Nur nicht weich werden! Es geht schließlich um's Volk. »Es ist besser für euch, wenn ein einziger Mensch für das Volk stirbt, als wenn das ganze Volk zugrunde geht« hatte der Hohepriester Kajaphas gemeint (Joh 11,50). Und nur nicht klüger sein wollen als alle! Alle hatten doch dem Urteil zugestimmt, die Gelehrten, die Frommen, die Mächtigen. Und selbst wenn einer anders dächte, er täte gut daran, jetzt zu schweigen! Nur weiter, weiter! Ans Kreuz mit ihm!

Und mitten in dieser aufgewühlten Menge sind »Frauen, die um ihn klagten und weinten«. Keine bestellten Klagefrauen, die wild ihre Hände ringen, mit schriller Stimme »ach« und »wehe« rufen, die Brüste schlagen und Leichenlieder singen, sondern Frauen, die am Wege standen und sein Elend sahen. Es

V. Jerusalemer Frauen am Kreuzweg Jesu

braucht Mut, Tränen zu zeigen im Tumult des Hasses. Haß versteht nicht die Sprache der Tränen. Haß frißt die Seele. Haß gebärdet sich laut. Tränen fließen leise. Sie produzieren keine Leistung und keinen Protest.

Diese Frauen sind fähig zu trauern. Sie weinen aus Mitleid, ohne Absicht. Sie deuten nicht Leid mit gekünstelten Worten. Keine noch so intelligente Philosophie und keine noch so gescheite Theologie kann im Leid das mitfühlende Herz ersetzen (vgl. Ijob 16, 4–5). Ihr wortloses Weinen spiegelt seinen Schmerz. Bedeutet es nichts, Spiegel seines Schmerzes zu sein? Braucht es Worte, um ein Bild zu verstehen?

Zeigt nicht das Bild mehr Ganzheit als einzelne Sätze, die sich Zeile für Zeile häufen und doch nicht in einem Augenblick das Ganze empfangen, aufnehmen, bewahren? In ihren Tränen verschmilzt sein Angesicht mit ihrem Herzen.

Sie weinen, ohne helfen zu können, doch sie helfen, weil sie weinen. Mitten im Rausch des Bösen ist ihr armseliges Schluchzen die Stimme der Menschlichkeit, des Mitleids, des Erbarmens. Die Welt wäre ärmer ohne solche Tränen.

Sie verhalten sich anders als die Freunde des Ijob, die zu einem »Nein« für den Leidenden geworden waren. Die sahen das Entsetzliche, doch sie fürchteten, in das Unheil hineingerissen zu werden. Der Leidende aber wartete auf Mitleid, Verstehen, Liebe (Ijob 6,21). Ijob verlangte von ihnen kein Opfer, keinen Verzicht, keinen heroischen Mut, sondern nur: »Wendet euch mir zu.« Dazu aber rangen seine Freunde sich nicht durch (Ijob 6,28).

Ob sie sich fragen: Ist er wirklich schuldig? Ob sie sich erinnerten, »wie er umherzog, Gutes tat und heilte« (Apg 10,38)? Ob sie wußten, daß Gott jetzt seinen einzigen Sohn hingab, »damit jeder, der an ihn glaubt, nicht zugrunde geht, sondern das ewige Leben hat« (Joh 3,16)? Ob sie bedachten, überhaupt schon bedenken konnten, daß Mitleiden mit ihm die höchste Form der Jüngerschaft ist (Mt 16,24; Mk 8,34; Lk 9,23)? Ob sie glaubten: Wenn wir mit ihm leiden, werden wir mit ihm verherrlicht (Röm 8,17), so daß sie, die jetzt Anteil an seinem Leiden haben, »bei der Offenbarung seiner Herrlichkeit voll Freude jubeln« werden (1 Petr 4,13). Vielleicht gehörten sie gar nicht zum Kreis seiner Jünger und nicht zu den »Frauen, die ihm seit der Zeit in Galiläa nachgefolgt waren« (Lk 23,49). Wir kennen nicht einmal ihre Namen. Doch ihre Tränen sagen: Sie sind Frauen, die wagten, sie selbst zu sein; die nicht lachten, weil andere lachten; die nicht spotteten, weil andere höhnten; die nicht verurteilten, weil andere es taten, son-

V. Jerusalemer Frauen am Kreuzweg Jesu

dern die ihr Herz sprechen ließen, ohne Güte, Mitempfinden, Mütterlichkeit zu verbergen.

Sie waren nur am Weg, keine Akteure, keine, von denen man spricht. Man könnte sie leicht übersehen. Bald werden sie wieder dasein für andere, für den Mann, die Kinder, das Haus, die Arbeit, die alltäglichen Sorgen und Freuden, sie werden wieder lachen und lieben und leiden – wenn da nicht noch etwas wäre, was über bloßes Mitleid hinausweist, etwas, das bleibt, längst wenn ihre Tränen getrocknet sind.

Denn sie haben die Totenklage angestimmt für den, der zum Tod geführt wird – vorwegnehmend und stellvertretend. Vorwegnehmend wie Maria von Betanien, die ihn im voraus für den Tag des Begräbnisses salbte (Joh 12,7); stellvertretend für »die Frauen von Jerusalem«. Einem Hingerichteten stand keine Totenklage in der Öffentlichkeit zu. Er ist auch moralisch vernichtet (Gal 3,13; vgl. Dtn 21,23). Er empfing nicht den letzten Liebesdienst der Angehörigen und Freunde, der selbst dem Torastudium und dem Gottesdienst vorzuziehen war.

Was die Frauen am Weg in der brodelnden Menge, gerührt vom Mitleid begonnen haben, führen alle nach seinem Tod zu Ende: »Und alle, die zu diesem Schauspiel herbeigeströmt waren und sahen, was sich ereignet hatte, schlugen sich an die Brust« (Gestus der Totenklage) (Lk 23,48). Alle! Wie bei der Totenklage für einen König. So weist die Klage ungewußt und ungewollt auf das, was er wirklich ist: der Messias und König (Lk 23,2 f). Das Wort des Propheten Sacharja (12,10–11) über den geheimnisvollen Durchbohrten erhält seinen erfüllten Sinn, zumal Sach 12,12–14 eigens »die Frauen für sich« genannt sind: »Doch über das Haus David und über die Einwohner Jerusalems werde ich den Geist des *Mitleids* und des Gebets ausgießen. Und sie werden auf den blicken, den sie durchbohrt haben (Joh 19,37). Sie werden um ihn *klagen,* wie man um den einzigen Sohn klagt; sie werden bitter um ihn *weinen,* wie man um den Erstgeborenen weint (Offb 1,7). An jenem Tag wird die *Totenklage* in Jerusalem laut sein.«

Und noch etwas geschah. Die Klage der Frauen ist Anlaß für ein mahnendes Wort des Herrn. Er lenkt von sich weg – »Weint nicht über mich« – und verweist die Frauen auf das Leid, das sie selbst treffen wird: »Weint über euch und eure Kinder.« Eine Vision des Schreckens tut sich auf. Nicht die Mütter vieler Kinder werden in den »kommenden Tagen«, der Zeit des Gerichts glücklich gepriesen, sondern die kinderlosen Frauen, weil Mütter in den Tagen der Katastrophe mit dem eigenen auch noch das Leid ihrer Kinder tra-

V. Jerusalemer Frauen am Kreuzweg Jesu

gen müssen. So groß wird die Not zur Zeit des Gerichts sein, daß die Menschen voller Verzweiflung das sonst gefürchtete Erdbeben erflehen, damit es sie begräbt.

Wenn ihn – den Schuldlosen, das grüne Holz – jetzt so furchtbare Pein trifft, wie groß wird erst für sie – die Schuldigen, das dürre Holz – die Not am Tag des Gerichts sein.

Der Untergang Jerusalems 70 n. Chr. mag dem Bild vom endzeitlichen Gericht seine Farben gegeben haben. Die nach der Zerstörung der Stadt unter Kaiser Vespasian geprägte Münze »Judaea capta« zeigt eine klagende Frau unter einer Dattelpalme, dem Symbol des Landes. Die Tränen der Frauen ließen den Herrn die erschütternde Mahnung sprechen, die zur Annahme der rettenden Gnade bewegen will, denn es gilt das Wort: »Ihr alle werdet umkommen, wenn ihr euch nicht bekehrt« (Lk 13,3).

VI

Die Emmausjünger

*»Brannte uns nicht das Herz, als er uns
den Sinn der Schrift erschloß«*

¹³ Am gleichen Tag waren zwei von den Jüngern auf dem Weg in ein Dorf namens Emmaus, das sechzig Stadien von Jerusalem entfernt ist. ¹⁴ Sie sprachen miteinander über all das, was sich ereignet hatte. ¹⁵ Während sie redeten und ihre Gedanken austauschten, kam Jesus hinzu und ging mit ihnen. ¹⁶ Doch sie waren wie mit Blindheit geschlagen, so daß sie ihn nicht erkannten. ¹⁷ Er fragte sie: Was sind das für Dinge, über die ihr auf eurem Weg miteinander redet? Da blieben sie traurig stehen, ¹⁸ und der eine von ihnen – er hieß Kleopas – antwortete ihm: Bist du so fremd in Jerusalem, daß du als einziger nicht weißt, was in diesen Tagen dort geschehen ist? ¹⁹ Er fragte sie: Was denn? Sie antworteten ihm: Das mit Jesus aus Nazaret. Er war ein Prophet, mächtig in Wort und Tat vor Gott und dem ganzen Volk. ²⁰ Doch unsere Hohenpriester und Führer haben ihn zum Tod verurteilt und ans Kreuz schlagen lassen. ²¹ Wir aber hatten gehofft, daß er der sei, der Israel erlösen werde. Und dazu ist heute schon der dritte Tag, seitdem das alles geschehen ist. ²² Aber nicht nur das: Auch einige Frauen aus unserem Kreis haben uns in große Aufregung versetzt. Sie waren in der Frühe beim Grab, ²³ fanden aber seinen Leichnam nicht. Als sie zurückkamen, erzählten sie, es seien ihnen Engel erschienen und hätten gesagt, er lebe. ²⁴ Einige von uns gingen dann zum Grab und fanden alles so, wie die Frauen gesagt hatten; ihn selbst aber sahen sie nicht.

²⁵ Da sagte er zu ihnen: Begreift ihr denn nicht? Wie schwer fällt es euch, alles zu glauben, was die Propheten gesagt haben. ²⁶ Mußte nicht der Messias all das erlei-

VI. Die Emmausjünger

den, um so in seine Herrlichkeit zu gelangen? ²⁷ Und er legte ihnen dar, ausgehend von Mose und allen Propheten, was in der gesamten Schrift über ihn geschrieben steht. ²⁸ So erreichten sie das Dorf, zu dem sie unterwegs waren. Jesus tat, als wollte er weitergehen, ²⁹ aber sie drängten ihn und sagten: Bleib doch bei uns; denn es wird bald Abend, der Tag hat sich schon geneigt. Da ging er mit hinein, um bei ihnen zu bleiben. ³⁰ Und als er mit ihnen bei Tisch war, nahm er das Brot, sprach den Lobpreis, brach das Brot und gab es ihnen. ³¹ Da gingen ihnen die Augen auf, und sie erkannten ihn; dann sahen sie ihn nicht mehr. ³² Und sie sagten zueinander: Brannte uns nicht das Herz in der Brust, als er unterwegs mit uns redetete und uns den Sinn der Schrift erschloß? ³³ Noch in derselben Stunde brachen sie auf und kehrten nach Jerusalem zurück, und sie fanden die Elf und die anderen Jünger versammelt. ³⁴ Diese sagten: Der Herr ist wirklich auferstanden und ist dem Simon erschienen. ³⁵ Da erzählten auch sie, was sie unterwegs erlebt und wie sie ihn erkannt hatten, als er das Brot brach. *Lukas 24, 13–35*

Der auferstandene Herr begegnet zwei Jüngern auf dem Weg von Jerusalem nach Emmaus. Davon berichtet der hl. Lukas in einer meisterhaften Erzählung als einziger der Evangelisten (Lk 24,13–35). In ihr ist häufig vom Weg die Rede. Die Jünger sind auf dem Weg von Jerusalem (V. 13), auf dem Weg mit Jesus (V. 15), auf dem Weg nach Jerusalem (V. 33).

Der Weg gliedert die Erzählung und hat symbolische Bedeutung. In der Mitte des Weges, am vorläufigen Ziel, erkennen die Jünger den Herrn am Brotbrechen (V. 30); am Ende steht das österliche Bekenntnis: »Der Herr ist wirklich auferstanden und ist dem Simon er-

VI. Die Emmausjünger

schienen« (V. 34). Hinweg und Rückweg entsprechen sich fast spiegelbildlich (vgl. V. 13-16 mit 31-33).

Noch dreimal weist der Evangelist auf das Unterwegssein hin: Jesus fragt die Jünger, worüber sie auf dem Weg redeten (V. 17); Emmaus ist das Dorf, »zu dem sie unterwegs waren« (V. 28) und die beiden Jünger erzählen, »was sie unterwegs erlebt« haben (V. 35).

Das läßt aufhorchen! Denn auch wir sind unterwegs: »Auf dem Weg durch die Zeit« (3. Hochgebet) als »Fremde und Gäste in dieser Welt« (1 Petr 2,11) auf der Suche nach der künftigen Stadt (Hebr 13,14). Darum können wir uns wiederfinden in den Jüngern. Das Pilgersein gehört nach einem Wort des hl. Augustinus (Civ. Dei, XVIII, 51, 2), das vom II. Vatikanischen Konzil aufgenommen wird, zu unserem konkret-kirchlichen Leben: »Die Kirche ›schreitet zwischen den Verfolgungen der Welt und den Tröstungen Gottes auf ihrem Pilgerweg dahin‹ und verkündet das Kreuz und den Tod des Herrn, bis er wiederkommt (vgl. 1 Kor 11,26). Von der Kraft des auferstandenen Herrn aber wird sie gestärkt ...« (LG 8).

1. Gern gingen wir zur Osterzeit den Weg von Jerusalem nach Emmaus: vorbei an silbergrauen Ölbäumen und frisch gehackten Weinbergen; vorbei an Gerstenfeldern, die schon

VI. Die Emmausjünger

reifen (am Paschafest wurde die erste Garbe geopfert, Ex 23,16; Lev 23,10ff) und an blumenübersäten Weiden, die der Glutwind aus der Wüste noch nicht versengt hat. Das Hohelied beschreibt diese Schönheit: »Vorbei ist der Winter, verrauscht der Regen. Auf der Flur erscheinen die Blumen; die Zeit zum Singen ist da. Die Stimme der Turteltaube ist zu hören in unserem Land. Am Feigenbaum reifen die ersten Früchte; die blühenden Reben duften« (Hld 2,11-13; siehe auch Mt 6,28; Lk 12,27). Ostern fällt ja in den Nisan, den Frühlingsmonat, dessen Name an die Nissanim, die Blumen, anklingt. Der Blick gleitet über die langsam sich westwärts neigenden Hügel bis in die Ferne, wo Himmel und Erde verschmelzen, als sollte symbolhaft die Öffnung des transzendenten Horizonts deutlich werden, den die Betrachtung des nur innerweltlich Vordergründigen verschließt.

Wir müßten lange Zeit wandern: 30 km weit bis Amwas, das den Namen Emmaus bewahrt; oder etwa zwei Drittel des Weges bis Qubebe, wo das Haus des Kleopas vermutet wurde; vielleicht nur bis Abu Gosh, wohin die Kreuzfahrer Emmaus verlegten oder bis zum benjaminitischen Moza (heute Qirbet bet Mizze, 17 km östlich von Jerusalem), das im 1. Jahrhundert Ammous hieß. Und es käme uns der Psalm in den Sinn: »In der Steppe

VI. Die Emmausjünger

prangen die Auen, die Höhen umgürten sich mit Jubel. Die Weiden schmücken sich mit Herden, die Täler hüllen sich in Korn. Sie jauchzen und singen« (Ps 65,13–14).

Die beiden Jünger aber achteten wohl weniger auf die Schönheit des Landes. Ihnen ging nicht aus dem Sinn, »was sich in Jerusalem ereignet hatte« (V. 14). Diese Ereignisse hatten sie zutiefst ergriffen und sie »am gleichen Tag«, dem Ostertag, auf den Weg von Jerusalem weg gelenkt.

Ihnen brauchte Jesus nicht als Gekreuzigter vor Augen gezeichnet zu werden, wie es später die Galater nötig hatten (Gal 3,1). Sie brauchten nicht wie wir das Turiner Leichentuch betrachten, um die Leiden eines Gekreuzigten nachzuempfinden. Ihnen brauchte man nicht die Überreste des gekreuzigten Jehohanan zu zeigen, die im Juni 1968 in Giv'at ha-Mivtar (2 km nördlich vom Damaskustor in Jerusalem) gefunden wurden. In den Fersenknochen der zerbrochenen Beine des Unglücklichen steckte noch der 17 cm lange, verbogene Nagel. Das macht uns erschütternd deutlich, was Kreuzigung hieß.

Die Jünger hatten gesehen, wie Jesus sich, von der grausamen Geißelung entkräftet, zusammen mit Verbrechern nach Golgota schleppte und unter der Last des Kreuzes zusammenbrach; ihnen waren die gellenden

VI. Die Emmausjünger

Schreie der Gequälten noch im Ohr und der herzlose Spott der Henker (Lk 23,26–46); sie hatten das Leiden und Sterben Jesu erlebt. Der hl. Lukas, der allem sorgfältig nachgegangen ist (Lk 1,3), berichtet: »Alle seine Bekannten standen in einiger Entfernung vom Kreuz« (Lk 23,49). Vielleicht konnten sie wegen der Nähe des in einem aufgelassenen Steinbruch etwa 12 m herausragenden Golgota-Felsens zur »Zweiten Mauer« (vgl. Joh 19,20) von der Stadtmauer aus die grausame Hinrichtung sehen. Ein gekreuzigter Messias ist »für Juden ein empörendes Ärgernis, für Heiden eine Torheit« (1 Kor 1,23). Noch galt das Kreuz nicht als das Zeichen der Erlösung, der Liebe und des Sieges, sondern des Fluches. »Es steht in der Schrift: Verflucht ist jeder, der am Pfahl hängt« (Gal 3,13; Dtn 21,23).

Wenn Kleopas noch dazu ein naher Verwandter Jesu war – eine frühe Überlieferung hält ihn für den Bruder Josefs, damit für den Onkel Jesu (Hegesippos) – mußte ihn das Erlebte besonders schmerzen.

Sicher war er ein Jünger Jesu wie sein Gefährte (nach Hegesippos war der Gefährte ein Sohn Kleopas: Simeon, der 2. Bischof von Jerusalem) und gehörte damit zu denen, die Jesus glaubten und Gemeinschaft mit ihm hielten (zur Unterscheidung zwischen den Zwölf, den Jüngern und dem Volk vgl. Lk

6, 12–17). Sie waren Jesus gefolgt; denn er war »mächtig in Wort und Tat vor Gott und dem ganzen Volk« (V. 19). Das Volk strömte ihm zu, die Leute priesen ihn, seine Rede fand Beifall und machte betroffen; alle wollten ihn hören und von ihren Krankheiten geheilt werden (siehe z. B. Lk 6, 17–19); er hatte ein Herz für die Sünder und Armen, die Kranken und die Kinder (z. B. Lk 4, 40; 5, 32; 18, 15–17); wenn er betete, spürten sie den Atem einer anderen Welt und wollten es ihm gleich tun (Lk 11, 1). Seine Gegner konnten ihm nicht widerstehen (z. B. Lk 19, 47 f; 20, 19; 22, 2); er verharmloste nicht das Wort zu schmerzlosen Begriffen. Die Menschen gerieten in Staunen über seine Zeichen und Wunder und fragten sich, wer er eigentlich sei. Sie hielten ihn für einen Propheten (z. B. V. 19). Petrus hatte bekannt, für wen die Jünger ihn hielten: »Für den Messias Gottes« (Lk 9, 20). Sie hofften, »daß er es sei, der Israel erlösen werde« (V. 21).

Doch sein Wort war im Tod verstummt, sein Tun am Kreuz erstarrt, und ihre Hoffnung verschloß ein Grab.

So gingen sie weg von Jerusalem – als könnten sie der Erinnerung entfliehen; weg von ihm – als fänden sie Ruhe bei sich; weg von den anderen Jüngern – als ob die Kirche, kaum aus der Seite des Herrn geboren, schon am Ende sei. Sie gingen weg, als könnte man

VI. Die Emmausjünger

die Zeit und das, was in ihr geschah, nach rückwärts überspringen. Weggehen löst kein Problem!

Wir dürfen wohl fragen, warum die beiden Jünger – wir erinnern uns: In ihnen finden wir uns wieder – in solche Schwierigkeit gerieten.

Hatten sie Jesus eigentlich verstanden, obwohl sie bei ihm waren? Eindrucksvoll schildert der Evangelist Johannes das Unverständnis der Jünger. »Das häufige Mißverstehen und Unverständnis der Jünger (vgl. 4,33; 14,5–8; 16,17 ff 29 f), ihre Sprödigkeit im Begreifen seines Weges (vgl. 11,8–16; 18,10 f), ihr naiver Widerspruch gegen die Worte ihres Meisters (vgl. 13,37; 16,29 f), das alles ist beispielhafter Ausdruck ihrer menschlichen Denkungsart« (R. Schnackenburg, Das Johannesevangelium I [⁵1981] 520).

Hörten sie aus seinen Worten und aus den Heiligen Schriften nur das heraus, was ihrer Vorstellung entsprach? War diese Vorstellung vielleicht genährt worden durch verkürzte religiöse Unterweisung?

Verschlossen sie sich vor dem Leidensgeheimnis des Menschensohnes, weil sie fürchteten, es nicht in Einklang bringen zu können mit dem Bild eines im Grunde triumphalen Messias, der von Unrecht und Not, Gewalt und Unterdrückung befreit? Lukas sagt nach der Zweiten Leidensweissagung: »Doch

VI. Die Emmausjünger

die Jünger verstanden den Sinn seiner Worte nicht; er blieb ihnen verborgen, so daß sie ihn nicht begriffen. Aber sie scheuten sich, Jesus zu fragen, was er damit sagen wollte« (Lk 9,45).

Oder sollten sie das Dunkel des Warum – warum das Leiden des Gerechten, warum der Tod des Sündelosen, warum das Kreuz des Messias, warum die Finsternis tiefster Verlassenheit – sollten sie dieses Dunkel in der Teilhabe am Herrn auskosten müssen, um dem ähnlicher zu werden, der das Warum am Kreuz zum Vater ruft (Mt 27,46)? Sollten sie wie er erdulden müssen: »Mein Vertrauter ist nur noch die Finsternis« (Ps 88,19)?

Geben wir nicht zu schnell Antwort auf solche Fragen. Die Fragen und Antworten betreffen uns selbst. Oder können wir nicht taub sein für Gottes Wort, unverständig und spröde? Lesen wir nicht Eigenes hinein? Weichen wir nicht aus, wenn uns ein Wort ergreift und mitziehen will auf den steilen und engen Weg, den stets schwereren Weg, der sich als der richtige erweist? Kommen nicht auch wir oft erst nach langer Zeit – wenn wir in die Schule des kreuztragenden Herrn gegangen sind und von seinem Geist geläutert wurden – vom Kennen zum Erkennen, vom Wissen zum Verstehen? Es fällt nicht leicht, zu leben, was das II. Vatikanische Konzil von der Lei-

VI. Die Emmausjünger

densgemeinschaft mit dem Herrn sagt: »Solange wir auf Erden in Pilgerschaft sind und in Bedrängnis und Verfolgung ihm auf seinem Weg nachgehen, werden wir – gleich wie der Leib zum Haupt gehört – in sein Leiden hineingenommen, wegen der Einheit von Haupt und Leib; wir leiden mit ihm, um so mit ihm verherrlicht zu werden (vgl. Röm 8,17)« (LG 7).

Die Jünger suchten auf dem Weg Rat bei sich. »Sie redeten miteinander und diskutierten« (V. 15). Aber allein geht's nicht weiter! Sie bleiben traurig stehen.

2. »Da kam – so sagt das Evangelium – Jesus hinzu und ging mit ihnen« (V. 15). Sichtbar, doch unerkannt; verborgen, doch wirklich; wie ein Fremder, doch derselbe, den sie vor seinem Leiden gehört und gesehen hatten. Sie erleben keinen Traum, keine Vision, geschweige denn eine Phantasievorstellung, sondern er zeigt sich ihnen – obwohl sie wie mit Blindheit geschlagen waren, so daß sie ihn nicht erkannten (V. 16). Die Anwesenheit des Auferstandenen weist über das Erwartete und Vorstellbare hinaus. Er schenkt sich ihnen als unerwartete Gabe.

Ob ihr Glaube mit seinem Tod erloschen war? Jedenfalls sprechen sie gut von ihm und erwähnen auch, daß die erste Nachricht von der Auferstehung sie nicht in Freude, vielmehr »in große Aufregung« versetzt hat (V. 22). Die Erzählung der Frauen, »die in der Frühe beim Grab waren« und die Wahrheit bezeugten, »daß er lebe« (V. 23), fand bei ihnen weder Verständnis noch Glauben.

Da gibt er ihnen Bibelunterricht, ja mehr: Er erschließt ihnen den Sinn der Schrift. Das ist mehr als Information und mehr als Mitteilung gelehrten Wissens. Im Gespräch schlägt er eine Brücke zu denen, die irre wurden (Mt 26,31) an dem, den sie liebten. Verständnisvoll führt er »die Unverständigen« (V. 25) von Stufe zu Stufe zur Wahrheit. Er spricht als vollmächtiger Ausleger der Schrift von allem, was »in der gesamten Schrift über ihn geschrieben steht« (V. 27). Da wird das einzelne Wort nicht gepreßt ohne Zusammenhang mit dem Ganzen; da wird kein Lieblingsgedanke betont, um andere zu übergehen; da steht keiner über dem Wort, als könne er es solange wenden und drehen, bis es in sein Maß paßt! Sondern Jesus sagt: »Mußte nicht der Messias all das erleiden, um so in seine Herrlichkeit zu gelangen« (V. 26)? Und er zeigt: Dieses »Muß« des messianischen Weges gründet im göttlichen Ratschluß, der auffindbar ist in den Heiligen Schriften.

Wie sein Leiden, so stand sein ganzes Leben unter dem »Muß« des göttlichen Willens. Dies ist der Beweggrund seines Handelns. Lu-

VI. Die Emmausjünger

kas berichtet: Seine Eltern hören betroffen im Tempel zu Jerusalem: »Wußtet ihr nicht, daß ich in dem sein muß, was meinem Vater gehört?« (Lk 2,49); als ihn die Leute von Kafarnaum hindern wollten, ihre Stadt zu verlassen, sagte er zu ihnen: »Ich muß auch den anderen Städten das Evangelium vom Reich Gottes verkünden, denn dazu bin ich gesandt worden« (Lk 4,43); ähnlich in Galiläa: »Doch heute und morgen und am folgenden Tag muß ich weiterwandern; denn ein Prophet darf nirgendwo anders als in Jerusalem umkommen« (Lk 13,33); selbst das Verweilen im Haus des Zöllners Zachäus steht unter dieser Verpflichtung: »Zachäus komm schnell herunter! Denn ich muß heute in deinem Haus zu Gast sein« (Lk 19,5). Der »Freund der Zöllner und Sünder« (Lk 7,34; 5,30; 15,1; 19,7) schenkt durch seinen Gehorsam Heil. Wieviel mehr gilt dies von seinem Leiden und Sterben nach dem Willen Gottes (Lk 9,22; 17,25; 24,7.26; Apg 1,16; 3,21; 17,3), obwohl es von denen, die »nicht das im Sinn haben, was Gott will, sondern was die Menschen wollen« (Mk 8,33) nicht verstanden wird. Ein unerfindlicher Gedanke: Gott liefert den Menschensohn den Sündern aus in den Tod (Lk 24,7; siehe vor allem Mk 9,31), damit die Sünder das Leben haben!

Der hl. Lukas berichtet nicht, »was in der

VI. Die Emmausjünger

gesamten Schrift über ihn geschrieben steht« (V. 27). Die Kirche hat darüber nachgedacht. Viele Stellen aus der Offenbarung der alttestamentlichen Schriften werden im Neuen Testament vom Messias Jesus verstanden. So die Weissagung vom leidenden Gottesknecht (Jes 52,13–53,12). Auf sie berief sich Jesus vor seinem Leiden: »Ich sage euch: An mir muß sich das Schriftwort erfüllen: Er wurde zu den Verbrechern gerechnet« (Lk 22,37); oder Ps 22, den er am Kreuz betete; oder Ps 34,20: »Der Gerechte muß viel leiden, doch allem wird der Herr ihn entreißen«; oder Ps 118,22 f: »Der Stein, den die Bauleute verwarfen, er ist zum Eckstein geworden«; oder Weish 2,19–20: »Roh und grausam wollen wir mit ihm verfahren, um seine Sanftmut kennenzulernen, seine Geduld zu erproben. Zu einem ehrlosen Tod wollen wir ihn verurteilen; er behauptet ja, es werde ihm Hilfe gewährt.« Auch an Jona ist zu erinnern, der nach drei Tagen gerettet wurde (vgl. Lk 11,29).

Nun wird das verborgene Geheimnis der Schrift enthüllt. Durch die Erfüllung erhält die Schrift ihren vollen Sinn. Christus ist die Mitte und die Fülle der ganzen Heiligen Schrift.

Als Jesus ihnen die Schrift erschloß, da brannte den Jüngern das Herz (V. 32). Nicht wie im Zorn (Dtn 19,6) oder Eifer (Jes 57,5),

VI. Die Emmausjünger

nicht wie in Gier (Jer 51,39) oder Schmerz (Ps 39,4), sondern in Begeisterung und Zuneigung und Liebe, denn jetzt sprach einer zu ihnen, der sagte, was er als Menschensohn gelebt, und der gelebt, was er vom Vater gehört hatte. Sein Gehorsam enthüllte seine Liebe. Der Sohn der Jungfrau Maria (Lk 1,26–38) lebte die Liebe des Sohnes Gottes, eine Liebe, die stärker ist als der Tod. Diese göttlich große Liebe entzündet das Herz. »Du hast mein Herz mit deinem Wort getroffen, da liebte ich dich« (Augustinus, Confessiones).

Auch wir hören den Herrn! In der Liturgie – so lehrt das Konzil – »verkündet Christus noch immer die Frohe Botschaft« (SC 33). »Dabei wird der Gottesdienst, der ganz aus dem Wort Gottes lebt, selbst zu einem neuen Heilsereignis. Er legt das Wort neu aus und läßt es neu wirksam werden. So folgt die Kirche in der Liturgie treu der Art und Weise, wie Christus die heiligen Schriften gelesen und ausgelegt hat. Er hat dazu aufgefordert, alle Schriften zu ergründen vom ›Heute‹ des Ereignisses her, das er selbst ist« (Pastorale Einführung zum Meßlektionar, A I, 1983, 12*). Christus ist in seinem Wort gegenwärtig. »Der Mund Christi ist das Evangelium. Er thront im Himmel, aber er hört nicht auf, auf Erden zu sprechen« (Augustinus, Sermo 85,1). Im Pontificale Romano-Germanicum (10. Jahrhundert) finden sich die anschaulichen Worte: »Es wird aber das Evangelium gelesen, in dem Christus mit seinem Mund zum Volk spricht.«

»Aber hören allein genügt nicht«, sagt Papst Paul VI. in einer Ansprache am 25. Sept. 1970. »Wir müssen uns« – fährt er fort – »in sie versenken und sie uns zu eigen machen. Das geht nicht von selber. Wir müssen die Schrift ... studieren. Wer Studium mit Gebet verbindet ... und wer sich helfen läßt von sachverständigen und kirchentreuen Auslegern, für den werden Schwierigkeiten Ansporn sein zum Streben nach tieferem Verständnis.«

Dazu bedarf es der Zeit! Wir müssen gewissermaßen viele Stunden mit Jesus gehen. Und der Stille! Im ruhigen Erwägen, durch geduldiges Befragen, beim stillen Nachdenken und Betrachten entfaltet das Wort seinen Reichtum. Und es bedarf einer neuen Innerlichkeit! Gemeint ist nicht schwärmerisches, spontan emotionales »Erfahren«, sondern jene geistgewirkte Wirklichkeit, die der hl. Augustinus beschreibt: »Du warst in meinem Innern, aber ich war draußen und suchte dich dort ... Du rührtest mich an, und ich entbrannte in Sehnsucht nach deinem Frieden« (Confessiones). »Ich suchte Gott auf innerlichsten Wegen«, bekennt Else Lasker-Schüler in ihrem »Lied an Gott«. Sie drückt damit aus, was viele Menschen in der lauten Welt banaler Äußerlichkei-

VI. Die Emmausjünger

ten und rechthaberischen Getues ersehnen. Und vor allem bedarf es des Gebetes! Denn die Schrift ist Gottes Wort nach Menschenart, von Gott eingegeben. Um sie in dem Geist zu lesen, in dem sie geschrieben wurde, bedarf es der Gabe des Geistes. Die aber will erbetet sein.

Zudem genügt nicht die selektive Lektüre der Bibel. Jesus erklärte den Jüngern, »was in der gesamten Schrift« über ihn geschrieben steht. Subjektive Auswahl verkürzt; Wahrheit ist nicht ohne Ganzheit zu haben. Sonst wird die Bibel zu einem Buch, in dem jeder seine Meinung bestätigt findet bis hin zu pseudoreligiösen Ideologien. Dann gliche sie einem verödeten Steinbruch, der nach Edelsteinen ausgeplündert wurde, um sich für die eigenen Ideen mit Argumenten zu schmücken, auch wenn die Schönheit der ganzen Landschaft dabei ausgelöscht worden wäre.

Das II. Vatikanische Konzil spricht in der »Dogmatischen Konstitution über die göttliche Offenbarung« (Dei verbum) ausführlich über die Auslegung der Heiligen Schrift und den Beitrag der Bibelwissenschaft. Die Kirche ist die Hüterin und Interpretin der Bibel.

Nicht unwichtig bleibt, was 1441 der selige Thomas von Kempen in der »Nachfolge Christi« schrieb: »Lege humiliter, simpliciter et fideliter – Lies in demütiger, einfacher und

VI. Die Emmausjünger

gläubiger Gesinnung« (I, 6, 10). Heilige weisen den Weg: Maria, die alle Worte in ihrem Herzen bewahrte und erwog (Lk 2,19); Benedikt, der Vater des Abendlandes, dessen Regel wie eine Kurzfassung der Heiligen Schrift anmutet; Hieronymus, der mahnte: »Trinke eher aus den Quellen als aus abgeleiteten Bächen«; Augustinus, den ein Wort aus dem Römerbrief auf den Weg zur Bekehrung wies; Norbert von Xanten, dem das Ziel vor Augen stand: »Sanctas Scripturas sequi et Christum ducem habere – (Den Heiligen Schriften folgen und Christus zum Führer haben)«; Franziskus, der in seinem Testament schrieb: »Niemand zeigte mir, wie ich leben sollte. Der Höchste selbst offenbarte mir, daß ich nach der Form des heiligen Evangeliums leben müsse.« Dominikus, der häufig ermahnte, ohne Unterlaß das Neue und das Alte Testament zu studieren. Er trug stets das Matthäusevangelium und die Paulusbriefe bei sich, las viel in ihnen, so daß er sie fast auswendig kannte. Ignatius, von dessen Exerzitienbuch Papst Paul III. 1548 schrieb, sein ganzer Inhalt sei entnommen »aus der Heiligen Schrift und aus der Erfahrung des geistlichen Lebens« (Bulle »Pastoralis officii«).

3. »Bleibe doch bei uns, Herr«, baten die Jünger mit brennenden Herzen (V. 29). Und sie erkannten ihn beim Brotbrechen.

VI. Die Emmausjünger

Noch in derselben Stunde kehrten sie nach Jerusalem zurück – hin zu den anderen Jüngern, hin zur Kirche, hin zur Verkündigung des auferstandenen Herrn. Aus Jüngern werden Zeugen! Ihr Weg findet sein Ziel im Bekenntnis des Glaubens.

Wir begegnen dem Herrn heute auf unserem Weg durch die Zeit. Er spricht zu uns, er bricht uns das Brot. Wir bleiben nicht hoffnungslos stehen, ratlos und traurig! Wir verkünden die frohe Botschaft, die wir gläubig gehört haben von den Zeugen, die Gott vorherbestimmt hat (Apg 10,41).

»Bewahren wir also das Feuer des Geistes ... Die heutige Welt, die sowohl in Angst wie in Hoffnung auf der Suche ist, möge die Frohbotschaft nicht aus dem Munde trauriger und entmutigter Verkünder hören, die ungeduldig und ängstlich sind, sondern von Dienern des Evangeliums, deren Leben voller Glut erstrahlt, die als erste in sich die Freude Christi aufgenommen haben« (Papst Paul VI., Evangelii nuntiandi, 1975, 80).

VII

Das Zeugnis des Stephanus

*»Ein Mann, erfüllt vom Glauben
und vom Heiligen Geist«*

Die Wahl des Stephanus (Apg 6, 1–7)

¹ In diesen Tagen, als die Zahl der Jünger zunahm, begehrten die Hellenisten gegen die Hebräer auf, weil ihre Witwen bei der täglichen Versorgung übersehen wurden. ² Da riefen die Zwölf die ganze Schar der Jünger zusammen und erklärten: Es ist nicht recht, daß wir das Wort Gottes vernachlässigen und uns dem Dienst an den Tischen widmen. ³ Brüder, wählt aus eurer Mitte sieben Männer von gutem Ruf und voll Geist und Weisheit; ihnen werden wir diese Aufgabe übertragen. ⁴ Wir aber wollen beim Gebet und beim Dienst am Wort bleiben. ⁵ Der Vorschlag fand den Beifall der ganzen Gemeinde, und sie wählten Stephanus, einen Mann, erfüllt vom Glauben und vom Heiligen Geist, ferner Philippus und Prochorus, Nikanor und Timon, Parmenas und Nikolaus, einen Proselyten aus Antiochia. ⁶ Sie ließen sie vor die Apostel hintreten, und diese beteten und legten ihnen die Hände auf. ⁷ Und das Wort Gottes breitete sich aus, und die Zahl der Jünger in Jerusalem wurde immer größer; auch eine große Anzahl von Priestern nahm gehorsam den Glauben an.

Die Verhaftung des Stephanus (Apg 6, 8–15)

⁸ Stephanus aber, voll Gnade und Kraft, tat Wunder und große Zeichen unter dem Volk. ⁹ Doch einige von der sogenannten Synagoge der Libertiner und Zyrenäer und Alexandriner und Leute aus Zilizien und der Provinz Asien erhoben sich, um mit Stephanus zu streiten;

VII. Das Zeugnis des Stephanus

¹⁰ aber sie konnten der Weisheit und dem Geist, mit dem er sprach, nicht widerstehen. ¹¹ Da stifteten sie Männer zu der Aussage an: Wir haben gehört, wie er gegen Mose und Gott lästerte. ¹² Sie hetzten das Volk, die Ältesten und die Schriftgelehrten auf, drangen auf ihn ein, packten ihn und schleppten ihn vor den Hohen Rat. ¹³ Und sie brachten falsche Zeugen bei, die sagten: Dieser Mensch hört nicht auf, gegen diesen heiligen Ort und das Gesetz zu reden. ¹⁴ Wir haben ihn nämlich sagen hören: Dieser Jesus, der Nazoräer, wird diesen Ort zerstören und die Bräuche ändern, die uns Mose überliefert hat. ¹⁵ Und als alle, die im Hohen Rat saßen, auf ihn blickten, erschien ihnen sein Gesicht wie das Gesicht eines Engels.

Die Steinigung des Stephanus (Apg 7,54 – 8,1a)

⁵⁴ Als sie das hörten, waren sie aufs äußerste über ihn empört und knirschten mit den Zähnen. ⁵⁵ Er aber, erfüllt vom Heiligen Geist, blickte zum Himmel empor, sah die Herrlichkeit Gottes und Jesus zur Rechten Gottes stehen ⁵⁶ und rief: Ich sehe den Himmel offen und den Menschensohn zur Rechten Gottes stehen. ⁵⁷ Da erhoben sie ein lautes Geschrei, hielten sich die Ohren zu, stürmten gemeinsam auf ihn los, ⁵⁸ trieben ihn zur Stadt hinaus und steinigten ihn. Die Zeugen legten ihre Kleider zu Füßen eines jungen Mannes nieder, der Saulus hieß. ⁵⁹ So steinigten sie Stephanus; er aber betete und rief: Herr Jesus, nimm meinen Geist auf! ⁶⁰ Dann sank er in die Knie und schrie laut: Herr, rechne ihnen diese Sünde nicht an! Nach diesen Worten starb er.
¹ᵃ Saulus aber war mit dem Mord einverstanden.

Der erste Märtyrer der Kirche, Stephanus, wurde von altersher hochverehrt. Zu dieser Verehrung haben Auffindung und Verbreitung der Reliquien, apologetisch erklärte Wun-

VII. Das Zeugnis des Stephanus

dergeschichten, Kirchbauten, Liturgie und Volksbräuche beigetragen. Doch der eigentliche Grund liegt bei ihm selbst. In dem vom hl. Lukas aus älteren Traditionen geformten 6. und 7. Kapitel der Apostelgeschichte, mit dem er den 2. Abschnitt der »Taten der Apostel« einleitet, finden sich drei Antworten: Stephanus diente den Armen; Stephanus verkündigte den Glauben; Stephanus feierte Liturgie durch Teilnahme am Tod des Herrn. Dadurch vollzog er die drei wesentlichen Lebensäußerungen der Kirche: den Dienst der Liebe, des Zeugnisses, der Liturgie (Diakonia, Martyria, Leitourgia).

1. Stephanus diente den Armen. Es gab Streit in der jungen Kirche. Zwei Gruppen standen gegeneinander: Hellenisten und Hebräer, griechisch sprechende und aramäisch sprechende Judenchristen. Bis dahin waren die Gläubigen der Urkirche ein Herz und eine Seele, hatten alles gemeinsam, verkauften freiwillig ihr Hab und Gut und »gaben davon allen, jedem so viel, wie er nötig hatte«. Keiner litt Not (Apg 2,43–47; 4,32–37; 5,1–11).

Doch nun »begehrten die Hellenisten gegen die Hebräer auf« (Apg 6,1). Das führt zu einem Konflikt, der jedoch die Führung und Fügung Gottes nicht aufhebt.

Streit vergiftet die Atmosphäre, zerstört das Vertrauen, lähmt die Aktivität. Einheit wäre

VII. Das Zeugnis des Stephanus

not gewesen, denn schon begann die Unterdrückung der Kirche: Die Apostel wurden verhaftet, ausgepeitscht und erhielten Redeverbot (Apg 5, 17–42). Je größer die Gefahr, je nötiger die innere Einheit!

Streit widerspricht dem Gebet (Joh 17, 11.21 ff), dem Gebot (Joh 13, 34 f) und der Verheißung (Joh 10, 16) des Herrn. Streit reißt von neuem die Wunde der Sünde auf, die Christus durch seinen Sühnetod heilte.

Streit verdunkelt das innerste Wesen der Kirche (1 Kor 12, 12 u. ö.), das, wie die Mahnungen zur Einheit zeigen, stets gefährdet ist (1 Kor 1, 10; 3, 3; 11, 18 f; Gal 5, 19 ff; Phil 2, 2). Streit in der Kirche schadet ihrer Glaubwürdigkeit als versöhnte und versöhnende Gemeinschaft, gibt sie dem Gespött preis und nimmt den Menschen die Hoffnung, in der zerrissenen Welt einen Ort des Friedens zu finden.

Streit erfaßt den ganzen Menschen: Gedanken und Worte, Gebärden und Taten. Das fröhliche Leuchten der Augen erlischt, das arglose Plaudern verstummt, die unbefangene Gelassenheit ist dahin. Streit läßt das Herz bluten. Er macht überheblich, einsam, ängstlich, gehetzt und zerstört die Offenheit. Es wird nicht mehr das andere Du mit seiner Vielfalt gesucht, sondern der eingegrenzt Gleichgesinnte, der Kumpan.

VII. Das Zeugnis des Stephanus

»Haß weckt Streit« (Spr 10,12) ebenso wie Leichtsinn, Übermut (Spr 13,10), Unbeherrschtheit (Spr 15,18), Zuchtlosigkeit (Spr 22,10), Jähzorn (Sir 28,8), Stolz (Spr 17,19). Streit stammt vom Bösen und führt nur zum Bösen. Was langsam und klein beginnt, rennt bald davon. Der Schneeball wird zur Lawine. »Bläst du den Funken an, flammt er auf; spuckst du darauf, so erlischt er« (Sir 28,12).

Streit widerspricht der tiefsten Sehnsucht des Menschen nach Glück, Frieden, Liebe. »Wer Streit anfängt, entfesselt eine Wasserflut, drum halt ein, ehe der Zank ausbricht« (Spr 17,14).

Warum gab es Streit zwischen den beiden Gruppen, den Hellenisten und den Hebräern? Zunächst: *Die Betreuung der Armen* war nach unserem Text der Anlaß. Man übersah die Witwen der Hellenisten bei der täglichen Versorgung. Übergangen werden schmerzt! Ungerecht behandelt werden schmerzt noch mehr! Wenn es gar um das Lebensnotwendige geht, wundert das Aufbegehren nicht. Zwei Erschwernisse kamen hinzu: Die Witwen der Hellenisten hatten als Zugezogene kaum Verwandte in Jerusalem, die für sie hätten sorgen können; als Christen waren sie zudem von der organisierten synagogalen Armenpflege ausgeschlossen; hatten sie ihren Besitz zuvor enthusiastisch (aus eschatologischer Begeiste-

VII. Das Zeugnis des Stephanus

rung oder aus der Gesinnung der Hilfsbereitschaft) verschenkt, war das Übersehenwerden geradezu aufreizend.

Hinzu kam der *Mentalitätsunterschied*. Das war wohl ein tieferer Grund für die Verstimmung: Die einen stammten aus der griechisch sprechenden Diaspora – Freigelassene aus Rom, Kaufleute aus Afrika, Händler aus Asien – die in der Heiligen Stadt ihr Leben beschließen und begraben werden wollten, die anderen waren alteingesessene Bürger des Landes. Jede Gruppe pflegte ihre eigene Kultur. Die einen gehörten wahrscheinlich zu jenen frommen Männern aus allen Völkern in Jerusalem, die sich nach der Pfingstpredigt des hl. Petrus taufen ließen (Apg 2,5; 2,37–42). Die anderen waren von Anfang an »Jünger« (Apg 6,1.2.7). Einige von ihnen mögen zu den 500 Brüdern gehört haben, denen der auferstandene Herr erschienen ist (1 Kor 15,6). Vielleicht hielten sie getrennt Gottesdienst, so daß das anfangs gerühmte Festhalten »an der Lehre der Apostel und an der Gemeinschaft, am Brechen des Brotes und an den Gebeten« (Apg 2,42) litt. Es fehlte die verbindende Sprache. Die unterschiedliche Sprache schadete der Einheit. Die Hellenisten verstanden nicht die Hebräer. Dennoch sollte gerade die griechische Sprache den Weg in die Welt eröffnen. Die Verkündigung der frohen Botschaft in aramäischer

VII. Das Zeugnis des Stephanus

Sprache durch Christus, die Apostel und Jünger mußte durch die Hellenisten dem griechischen Idiom ohne inhaltliche Verfälschung angepaßt werden.

Und schließlich: *Die Zahl der Jünger* hatte zugenommen. Je kleiner eine Gemeinde, umso leichter wächst Gemeinschaft. Aber Jesus hatte nicht gesagt: »Bleibt unter euch«, oder: »Kommt nur mit denen zusammen, die euch passen« (vgl. 1 Kor 11,17–34), sondern: »Macht alle Menschen zu meinen Jüngern« (Mt 28,19). Jeder erhält seine ihm eigene Gabe und Aufgabe zum Wohl der ganzen Kirche (1 Kor 12,8–10; 12,28–30; Eph 4,11f). Das erfordert: Verständnis haben füreinander, Rücksicht nehmen aufeinander und bereit sein zum Lernen voneinander. »Jeder von uns soll Rücksicht auf den Nächsten nehmen, um Gutes zu tun und (die Gemeinde) aufzubauen« (Röm 15,2). Nicht umsonst wird gemahnt: »Seid demütig, friedfertig und geduldig, ertragt einander in Liebe, und bemüht euch, die Einheit des Geistes zu wahren durch den Frieden, der euch zusammenhält« (Eph 4,2f).

Vielleicht aber waren »die Sieben« längst die Führungsgruppe der Hellenisten, der griechisch sprechenden Christen in Jerusalem, die nach Lukas »den Zwölf«, den Aposteln, nun unterstellt wurden. Sie waren also nicht nur die Betreuer der Armen, wie Apg 6,1–7 nahe-

VII. Das Zeugnis des Stephanus

legt, sondern auch Verkündiger des Evangeliums, wie sich aus Apg 6,8–15; 7 ergibt.

Wie verhalten sich die Apostel bei diesem Streit? Sie lassen die Jünger sieben Männer für die Betreuung der Armen wählen und beauftragen die Gewählten. So genießen die Sieben das Vertrauen der Gemeinde und der Apostel, der Basis und des Amtes. Alle tragen griechische Namen, gehören demnach zur Gruppe der Hellenisten; nur der letzte in Reihe und Rang ist Proselyt, ein Heide, der über das Judentum zum Christentum gekommen ist. Es sind Männer »von gutem Ruf«, klug und besonnen, »voll Geist und Weisheit« (Apg 6,3). Bei Stephanus, dem ersten der Sieben, dem geistigen Führer, dem Vorbild der Diakone, heißt es zudem: Er war »erfüllt vom Glauben und vom Heiligen Geist« (Apg 6,5), »voll Gnade und Kraft« (Apg 6,8). Er ist der vorbildliche Geistträger, der sich durch Wunder und durch die Kraft seiner Rede ausweist. Der Heilige Geist macht ihn geeignet, den Armen zu dienen und durch Gerechtigkeit und Liebe Frieden zu schaffen unter den Entzweiten.

Wüßten wir weiter nichts von Stephanus, er gehörte wegen seiner Liebe zu den Armen und wegen seines Dienstes für den Frieden zu den Großen im Gottesreich.

2. Doch Stephanus verkündet auch durch Tat und Wort das Evangelium von Jesus Christus.

VII. Das Zeugnis des Stephanus

Und wieder gibt es Streit! Der hl. Lukas berichtet: »Einige von der sogenannten Synagoge der Libertiner und Zyrenäer und Alexandriner und Leute aus Zilizien und der Provinz Asien erhoben sich, um mit Stephanus zu streiten.« Dem Jünger ergeht es nicht besser als dem Meister. Auch gegen ihn stritten manche (Mk 8,11), obwohl er demütig und sanftmütig war von Herzen (Mt 11,29) und nicht zankte und schrie auf den Straßen (Mt 12,19). Der Christ lebt nicht in einer utopisch erträumten heilen Welt. Das Evangelium führt zur Krisis, zur Scheidung und Entscheidung. »In der Welt seid ihr in Bedrängnis« sagt Christus (Joh 16,33); ja, er sagt sogar die Entzweiung vertrauter Menschen um des Glaubens willen voraus (Mt 10,35 f).

In drei Stufen wird dieser Streit ausgetragen, ein geradezu klassisches Muster: Zunächst: Streit mit Worten. Dann: Verhetzung des Volkes. Schließlich: Tod im Tumult.

»Sie stritten mit ihm«. Worte sind wie Taten. Harte Worten verletzten, bittere Worte vergiften, scharfe Worte schneiden, böse Worte säen Unheil. Die Gegner führen keinen echten Dialog mit Stephanus. Der wäre sinnvoll, um die Wahrheit zu erkennen, Erkanntes zu vertiefen, Unverstandenes zu klären, Spannungen zu mildern, Orientierung zu finden. Sondern: Dieser »Dialog« war blockiert durch

VII. Das Zeugnis des Stephanus

Mangel am Zuhören und durch die Anmaßung, allein das Maß des Wahren und Richtigen zu sein.

Aber »der Weisheit und dem Geist, mit dem Stephanus sprach, konnten sie nicht widerstehen«. Es erfüllt sich die Verheißung Jesu: »Ich werde euch die Worte und die Weisheit eingeben, so daß alle eure Gegner nicht dagegen ankommen und nichts dagegen sagen können« (Lk 21,15).

Darum hetzten sie das Volk auf. Die Parolen zünden. Sie haben sich längst bewährt im Prozeß gegen Jesus: Er lästert Gott – er schmäht das Gesetz – er redet gegen den Tempel. Auf jedem dieser Worte stand: Tod. Man peitscht die Parolen ein, man berauscht sich am Wort. Schon wittern die Aufgehetzten die Sensation des Brutalen. Da wird jedes Gesicht gemein, pervertiert zur Grimasse des Bösen. Und jedes Antlitz könnte schön sein, ein Bild des Schöpfers, eine Ikone Gottes. Für einen Augenblick leuchtet solche Schönheit auf. Allen, die auf Stephanus schauten, erschien sein Gesicht wie das Antlitz eines Engels – klar und rein, offen und erhaben, ein Widerschein der Herrlichkeit Gottes. Himmlische Verklärung auf dem Antlitz des Blutzeugen wird auch berichtet von Polykarp, den Märtyrern von Lyon, Perpetua und Felicitas, Justinus Martyr und Irenäus. Der Geist des Herrn ruht auf den

Verfolgten und läßt die Herrlichkeit in der Freude Gottes schon ahnen. Wie ein Anruf zur Umkehr! Doch umsonst!

Der Tumult bricht los. Jesus Sirach hat recht: »Dem Feuer gehen Rauch und Qualm voraus, dem Blutvergießen Streit« (Sir 22,24). Die günstige Stimmung im Volk (Apg 2,47) schlug rasch um. Vom Hosianna zum Crucifige ist ein kurzer Weg.

Stephanus blickt zum Himmel, sieht die Herrlichkeit Gottes und ruft: »Ich sehe den Himmel offen und den Menschensohn zur Rechten Gottes stehen.« Eine Vision, doch mehr als eine Vision: ein Bekenntnis! Denn: Jesaja ertrug nicht die Herrlichkeit Gottes (Jes 6,5). Ezechiel stürzte bei ihrem Anblick zu Boden (Ez 1,28). Die Serafim bedecken vor Gottes Glanz das Gesicht (Jes 6,2). Jesus aber steht und besteht in der Herrlichkeit, in der strahlenden Lichtfülle Gottes, denn er ist selbst Licht vom Licht, Gott von Gott.

Die Gegner verstehen das Bekenntnis. »Da erhoben sie ein lautes Geschrei, stürmten auf ihn los, trieben ihn zur Stadt hinaus und steinigten ihn.« Argumente schweigen, wenn Steine fliegen! Der Zeuge stirbt, doch das Zeugnis wirkt weiter: Saulus wurde Paulus.

3. Stephanus betet. Mitten im Tumult behält er den Frieden des Herzens, denn er hat seinen Halt in Gott, nicht in der Welt (vgl. Thomas von Kempen, Nachfolge Christi II, 2).

Wurde bisher schon deutlich, wie sehr seine Passion der Passion Jesu Christi gleicht, so zeigt sich jetzt, wie sehr er ihm ähnlich geworden war. Er ist, wozu ihn der Heilige Geist gemacht hat; und er macht sich zu dem, der er ist. Er betet dasselbe Wort wie der Herr am Kreuz: »Herr, nimm meinen Geist auf.« Er lebt ganz auf den Herrn hin. Das Leben, das er für eine Zeit empfangen hat, gibt er in die Geborgenheit Gottes zurück.

Er sieht den Herrn *stehend* zur Rechten Gottes (Apg 7,55 f). Dazu sagt Gregor von Nyssa: »Der Kampfrichter hat nämlich dadurch, daß er stehend erschien, sinnbildlich seine Hilfsbereitschaft für den Kämpfer geoffenbart, zum klaren Zeichen, daß der Herr den Seinen die Kämpfe nicht nur auferlegt, sondern daß er ihnen in ihrem Wettkampf gegen die Feinde beisteht.« Stephanus spricht wie der Herr: »Rechne ihnen diese Sünde nicht an.« Das ist höchste Vollendung der Liturgie als fromme, tätige Teilnahme am Opfer des Herrn; letztmögliche Hingabe in der Angleichung an das Herz des Herrn durch die Glut des Heiligen Geistes.

Wir haben denselben Geist empfangen. Werden wir, wozu er uns gemacht hat. Bitten wir den hl. Stephanus, daß er uns hilft.

Weitere Bücher von Josef G. Plöger

Berufen und gesandt
Biblische Besinnungen

„Josef G. Plöger bringt in diesem Buch aus einem langjährigen liebenden Umgang mit dem biblischen Wort Gottes und aus pastoraler Erfahrung das zum Ausdruck, was für den Dienst in der Kirche grundlegend und maßgebend bleibt. Es ist zusammengefaßt in dem Bild von Christus, der als Menschenfischer sein eigenes Herz zum Fang auswirft" (Die Anregung, St. Augustin).

4. Auflage, 96 Seiten, Paperback. ISBN 3-451-19989-0

Der Diakon
Wiederentdeckung und Erneuerung seines Dienstes

Herausgegeben von Josef G. Plöger und Hermann J. Weber

„In drei großen Kapiteln werden die Geschichte des Diakonats, Aspekte des Diakonats nach dem Konzil und Abhandlungen zur Ausbildung und geistlichen Lebensform der Diakone geboten. Ein Sachregister erschließt den Band, der – auch angesichts der verarbeiteten Literatur – als Standardwerk zum Diakonat angesehen werden darf ... Das Buch gehört in die Hände all derer, die mit dem Diakonat heute zu tun haben" (Unsere Seelsorge, Münster).

2. Auflage, 328 Seiten, gebunden. ISBN 3-451-19144-X

Verlag Herder Freiburg · Basel · Wien